厚大®法考 Judicial Examination

2025年国家法律职业资格考试

名师精编　深研命题

行政法突破118题

应试提点　实战推演

魏建新◎编著｜厚大出品

中国政法大学出版社

代 总 序
GENERAL PREFACE

做法治之光
——致亲爱的考生朋友

如果问哪个群体会真正认真地学习法律，我想答案可能是备战法考的考生。

当厚大的老总力邀我们全力投入法考的培训事业，他最打动我们的一句话就是：这是一个远比象牙塔更大的舞台，我们可以向那些真正愿意去学习法律的同学普及法治的观念。

应试化的法律教育当然要帮助同学们以最便捷的方式通过法考，但它同时也可以承载法治信念的传承。

一直以来，人们习惯将应试化教育和大学教育对立开来，认为前者不登大雅之堂，充满填鸭与铜臭。然而，没有应试的导向，很少有人能够真正自律到系统地学习法律。在许多大学校园，田园牧歌式的自由放任也许能够培养出少数的精英，但不少学生却是在游戏、逃课、昏睡中浪费生命。人类所有的成就靠的其实都是艰辛的训练；法治建设所需的人才必须接受应试的锤炼。

应试化教育并不希望培养出类拔萃的精英，我们只希望为法治建设输送合格的人才，提升所有愿意学习法律的同学整体性的法律知识水平，培育真正的法治情怀。

厚大教育在全行业中率先推出了免费视频的教育模式，让优质的教育从此可以遍及每一个有网络的地方，经济问题不会再成为学生享受这些教育资源的壁垒。

最好的东西其实都是免费的，阳光、空气、无私的爱，越是弥足珍贵，越是免费的。我们希望厚大的免费课堂能够提供最优质的法律教育，一如阳光遍洒四方，带给每一位同学以法律的温暖。

没有哪一种职业资格考试像法考一样，科目之多、强度之大令人咂舌，这也是为什么通过法律职业资格考试是每一个法律人的梦想。

法考之路，并不好走。有沮丧、有压力、有疲倦，但愿你能坚持。

坚持就是胜利，法律职业资格考试如此，法治道路更是如此。

当你成为法官、检察官、律师或者其他法律工作者，你一定会面对更多的挑战、更多的压力，但是我们请你持守当初的梦想，永远不要放弃。

人生短暂，不过区区三万多天。我们每天都在走向人生的终点，对于每个人而言，我们最宝贵的财富就是时间。

感谢所有参加法考的朋友，感谢你愿意用你宝贵的时间去助力中国的法治建设。

我们都在借来的时间中生活。无论你是基于何种目的参加法考，你都被一只无形的大手抛进了法治的熔炉，要成为中国法治建设的血液，要让这个国家在法治中走向复兴。

数以万计的法条，盈千累万的试题，反反复复的训练。我们相信，这种貌似枯燥机械的复习正是对你性格的锤炼，让你迎接法治使命中更大的挑战。

亲爱的朋友，愿你在考试的复习中能够加倍地细心。因为将来的法律生涯，需要你心思格外的缜密，你要在纷繁芜杂的证据中不断搜索，发现疑点，去制止冤案。

亲爱的朋友，愿你在考试的复习中懂得放弃。你不可能学会所有的知识，抓住大头即可。将来的法律生涯，同样需要你在坚持原则的前提下有所为、有所不为。

亲爱的朋友，愿你在考试的复习中沉着冷静。不要为难题乱了阵脚，实在不会，那就绕道而行。法律生涯，道阻且长，唯有怀抱从容淡定的心才能笑到最后。

法律职业资格考试不仅仅是一次考试，它更是你法律生涯的一次预表。

我们祝你顺利地通过考试。

不仅仅在考试中，也在今后的法治使命中——

不悲伤、不犹豫、不彷徨。

但求理解。

厚大®全体老师　谨识

目录

CONTENTS 金题卷

第1讲 行政法概述

专题1 行政法基础

1. **区政府实施旧城改造，肖某的房屋位于旧城改造范围内。根据区政府发布的搬迁安置补偿方案，搬迁实施单位为街道办事处。街道办事处与某建工公司就房屋拆除清运事项签订了施工合同。肖某未与街道办事处达成拆迁补偿协议。该建工公司在拆除相邻房屋（该房屋已经签订拆迁补偿协议）时造成肖某的房屋受损，肖某诉至法院。下列说法正确的是：（　　）（任选）**

A. 本案为民事争议

B. 本案为行政争议

C. 对肖某的房屋损失予以民事赔偿

D. 对肖某的房屋损失予以行政补偿

考 点 行政争议的概念；行政补偿与行政赔偿的区分

2. **依法行政是法治国家对政府行政活动提出的基本要求，而合法行政则是依法行政的根本。下列哪些做法违反了合法行政的要求？（　　）（多选）**

A. 县市场监管局委托镇政府实施扣押行为

B. 市土地局冻结某企业的银行存款，划拨抵缴罚款

C. 公安派出所对治安违法事实清楚的当事人当场罚款500元

D. 省政府发布规章规定，外地物流公司到本地运输货物应事前得到省邮政管理局审批

考 点 合法行政

3. **个体工商户黄某租用某敬老院场地推销玉石床垫等产品。市监局经现场检查，发现黄某向村民播放的玉石床垫的宣传视频中存在涉嫌虚假宣传的内容，根据《广告法》第55条第1款的规定，决定罚款30万元。黄某提起诉讼。法院认为，罚款30万元明显不符合过罚相当的要求，判决撤销处罚决定，责令市监局重新作出处罚决定。法院的**

判决适用了下列哪一原则？（　　）（单选）

A. 程序正当　　B. 高效便民

C. 合理行政　　D. 诚实守信

考点 合理行政

4. 程序正当是当代行政法的基本原则之一，遵守程序是行政行为合法的要求之一。下列哪些做法违背了这一要求？（　　）（多选）

A. 某市场监管局收集证据时，在证据可能灭失的情况下，行政执法人员直接对证据先行登记保存

B. 某生态环境局书面通知银行划拨某企业在该银行的存款，以抵缴其拒不缴纳的罚款

C. 某公安派出所拟对王某罚款500元，告知其可以申请听证

D. 某公安局交警大队1名交警在执勤时发现李某驾驶的电动三轮车未悬挂号牌，遂当场作出扣押的强制措施

考点 程序正当

5. 下列哪些法律规定体现了信赖保护的要求？（　　）（多选）

A.《行政处罚法》第5条第2款规定，设定和实施行政处罚必须以事实为依据，与违法行为的事实、性质、情节以及社会危害程度相当

B.《行政许可法》第8条第1款规定，公民、法人或者其他组织依法取得的行政许可受法律保护，行政机关不得擅自改变已经生效的行政许可

C.《行政许可法》第8条第2款规定，行政许可所依据的法律、法规、规章修改或者废止，或者准予行政许可所依据的客观情况发生重大变化的，为了公共利益的需要，行政机关可以依法变更或者撤回已经生效的行政许可。由此给公民、法人或者其他组织造成财产损失的，行政机关应当依法给予补偿

D.《行政强制法》第5条规定，采用非强制手段可以达到行政管理目的的，不得设定和实施行政强制

考点 信赖保护

6. 关于行政法基本原则，下列说法不正确的是：（　　）（任选）

A. 卫健委定期主动向公众公布法定传染病信息，体现了诚实守信原则

B. 规划局不随意撤回已生效的行政许可，体现了合法行政原则

C. 市场监管局执法时平等对待市场主体，体现了权责统一原则

D. 交通运输局将扣押车辆的停车费用减半收取，体现了高效便民原则

考点 行政法基本原则

第2讲　行政组织

专题2　行政机构设置与编制管理

7. **2023年3月，中共中央、国务院印发《党和国家机构改革方案》，重新组建国家金融监管总局。关于国家金融监管总局，下列哪些说法是正确的？（　　）（多选）**

A. 国家金融监管总局有权制定规章

B. 国家金融监管总局的设立由国务院决定

C. 国家金融监管总局的职能调整由国务院机构编制管理机关决定

D. 国家金融监管总局拟合并司级内设机构的，需由国务院机构编制管理机关提出方案，报国务院决定

[考点] 国务院直属机构的设置；行政立法的制定主体；国务院行政机构的司级内设机构设置

8. **国务院关税税则委员会为国务院议事协调机构。关于该机构，下列哪些说法是不正确的？（　　）（多选）**

A. 在特殊或紧急的情况下，国务院关税税则委员会可以规定临时性的行政管理措施

B. 国务院关税税则委员会的设立、撤销或合并，由国务院总理提请全国人大或全国人大常委会决定

C. 国务院关税税则委员会的编制根据工作需要单独确定

D. 国务院关税税则委员会设立后，需要对其职能进行调整的，由财政部提出方案，报国务院机构编制管理机关批准

[考点] 国务院议事协调机构的职权、法律地位、设置和编制管理

9. **下列哪些行政机构的设置事项，应当经国务院机构编制管理机关审核后，报国务院批准？（　　）（多选）**

A. 某省文化厅和旅游厅的合并

B. 某省住房和城乡建设厅增设处级内设机构

C. 某省卫生厅更名为卫生健康委员会

D. 某省人民政府设立议事协调机构

考点 地方政府行政机构的设置

10. 关于行政机构的编制管理，下列哪些说法是错误的？（　　）（多选）

A. 国务院行政机构的编制在国务院行政机构设立时确定

B. 国务院办事机构根据工作需要，可以决定增加或者减少编制

C. 甲省乙市政府的行政编制总额，由乙市政府提出，报甲省政府批准

D. 省政府根据调整职责的需要，可以在行政编制总额内调配使用本省不同层级之间的行政编制

考点 行政机构的编制管理

第3讲　公　务　员

专题3　公务员制度

11. **王某经过考试成为某县财政局新录用的公务员，但因试用期满不合格被取消录用。下列哪些说法是错误的？（　　）（多选）**

A. 王某的试用期由该县财政局在1~12个月之间确定

B. 王某可以向人事争议仲裁委员会申请仲裁

C. 王某不得再被录用为公务员

D. 若王某试用期满考核合格，委任为一级科员，一级科员属于职级

考点 公务员的录用

12. **关于公务员的录用，下列说法错误的是：（　　）（任选）**

A. 张某曾受过刑事拘留，不得录用为公务员

B. 刘某曾受到留党察看，不得录用为公务员

C. 县财政局新录用的公务员王某的试用期由县财政局确定

D. 新录用的公务员赵某被取消录用，在性质上属于对赵某的不予录用

考点 公务员的录用

13. **孙某为某县公安局的聘任制公务员，双方签订聘任合同。下列哪些说法是错误的？（　　）（多选）**

A. 该县公安局聘任公务员，须参照公务员考试录用的程序进行公开招聘

B. 聘任合同需经省公务员主管部门批准

C. 若孙某聘任的职位涉及国家秘密，该聘任合同需经省公务员主管部门批准

D. 聘任合同约定孙某的试用期为12个月

考点 公务员的聘任

14. 关于公务员，下列哪些说法是正确的？（　　）（多选）

A. 公务员的职务对应相应的级别

B. 非领导成员公务员的定期考核采取年度考核的方式

C. 公务员在定期考核中被确定为基本称职的，不能享受年终奖金

D. 诫勉是对公务员的行政处分

考点 公务员的管理

15. 某市财政局局长李某因违反财经纪律被给予撤职处分。关于李某的处分，下列哪些说法是正确的？（　　）（多选）

A. 处分期为 36 个月

B. 处分决定应当以书面形式通知李某

C. 若李某在受处分期间表现突出，可以晋升工资档次

D. 李某的撤职处分被解除后，其职务和级别均不能恢复

考点 行政处分的处分期、程序和解除

16. 下列哪些情形不违反《公务员法》的规定？（　　）（多选）

A. 市住建委科员王某在被辞退后的 2 年内在该市从事房地产经营活动

B. 因县长张某应引咎辞职而本人不提出辞职，遂责令其辞去公职

C. 赵某是市药品监督管理局局长，其侄子在该市从事药品经营

D. 公务员刘某因吸食毒品受到政务处分后，其所在机关给予其记大过处分

考点 公务员的职位管理；政务处分与行政处分的关系

17. 下列哪些做法符合《公务员法》的规定？（　　）（多选）

A. 公务员提前退休须经任免机关批准

B. 根据工作需要和领导职务与职级的对应关系，公务员担任的领导职务和职级可以互相转任、兼任

C. 公务员被辞退的，不得再次被录用为公务员

D. 国有企业、高等院校和科研院所中从事公务的人员，可以调入机关担任主任科员以下职级

考点 公务员的录用、职务与职级、交流

第4讲 抽象行政行为

专题4 行政立法与其他规范性文件

18. 《外国人在中华人民共和国收养子女登记办法》于1999年5月12日经国务院批准，1999年5月25日民政部令第15号发布。该办法属于哪一性质的规范？（　　）（单选）

A. 行政法规　　B. 国务院的决定

C. 部门规章　　D. 一般规范性文件

[考点] 行政法规的制定权限

19. 关于行政法规的起草和审查，下列哪些说法是正确的？（　　）（多选）

A. 起草行政法规应当弘扬社会主义核心价值观

B. 起草行政法规应当体现行政机关职权与责任相统一的原则

C. 行政法规送审稿由国务院法制机构负责审查

D. 如制定行政法规的基本条件不成熟，行政法规送审稿应当退回起草部门

[考点] 行政法规的起草与审查

20. 关于行政法规，下列说法不正确的是：（　　）（任选）

A. 紧急情况下，行政法规可以由司法部制定，报国务院批准

B. 某省政府认为需要制定行政法规的，可以向国务院报请立项

C. 国务院法制机构对有关部门报送的立项申请进行汇总研究，制定国务院年度立法工作计划

D. 行政法规由国务院法制机构报请全国人大常委会备案

[考点] 行政法规的制定主体与程序

21. 关于部门规章，下列哪些说法是不正确的？（　　）（多选）

A. 涉及2个以上国务院部门职权范围的事项，应当制定行政法规，不得制定部门规章

B. 没有行政法规依据，部门规章不得增加本部门的权力或者减少本部门的法定职责

C. 国务院组成部门、具有行政管理职能的直属机构、国务院组成部门管理的国家行政机构以及法律规定的机构，可以制定规章

D. 部门规章与地方政府规章之间对同一事项的规定不一致时，由国务院最终裁决

考点 部门规章的制定主体、立法权限、效力

22. 关于地方政府规章，下列哪一说法是正确的？（ ）（单选）

A. 不设区的市人民政府都无权制定地方政府规章

B. 地方政府规章的名称一般称“条例”“规定”“办法”

C. 地方政府规章内容不适当的，国务院应当予以改变或者撤销

D. 地方政府规章只能针对城乡建设与管理、生态文明建设、历史文化保护、基层治理等方面的事项立法

考点 地方政府规章的制定主体和监督

23. 关于行政立法的备案和解释，下列说法正确的是：（ ）（任选）

A. 行政法规和规章都应当在公布后的30日内由法制机构报请备案

B. 部门规章和地方政府规章公布后都应当报国务院备案

C. 行政法规和规章由法制机构解释

D. 行政法规的解释与行政法规具有同等效力，规章的解释与规章具有同等效力

考点 行政法规和规章的备案和解释

第5讲　具体行政行为

专题5　具体行政行为概述

24. 行政机关所实施的下列行为中，属于具体行政行为的是：（　　）（任选）

A. 某区公安分局对汽车被盗案件不予立案

B. 某县交通局向社会发布通知：凡外地车辆进入本县区域，一律办理特别通行证

C. 某市政府发布通告：凡在本通告附件所列名单中的高污染企业，一律停产3个月

D. 某区政府为了安置灾民而与某酒店签订征用补偿协议

考点 具体行政行为的判断

25. 某市城市综合执法局执法人员在巡查过程中发现某商店未经批准正在安装户外广告，执法人员将安装工人使用的梯子抽走，安装工人随后在下滑过程中失手坠落死亡。执法人员抽走梯子的行为属于：（　　）（任选）

A. 具体行政行为　　B. 行政事实行为

C. 行政强制执行　　D. 行政处罚行为

考点 具体行政行为的概念

26. 关于具体行政行为的效力，下列哪些说法是正确的？（　　）（多选）

A. 具体行政行为一经成立即生效

B. 行政复议期间具体行政行为停止执行，属于具体行政行为效力的终止

C. 具体行政行为效力的终止，既存在有违法因素的终止，也存在没有违法因素的终止

D. 行政强制执行是实现具体行政行为执行力的制度保障

考点 具体行政行为的效力

27. 关于具体行政行为的撤销和撤回，下列哪些说法是不正确的？（　　）（多选）

A. 可撤销的具体行政行为，当事人可以不受其约束

B. 具体行政行为被撤回的，行政机关应将撤回行政行为前给予当事人的利益收回

C. 因具体行政行为撤回致使当事人的合法权益受到损失的，应给予当事人赔偿

D. 无效的具体行政行为致使当事人的合法权益受到损失的，应给予当事人补偿

[考点] 具体行政行为的撤销和撤回

28. 关于具体行政行为的效力与合法性，下列说法正确的是：(　　)(任选)

A. 具体行政行为不再争议、不得更改、不可撤销属于具体行政行为的拘束力

B. 提起行政诉讼会导致具体行政行为丧失拘束力

C. 适用法律法规正确是具体行政行为合法的必要条件

D. 明显不当是具体行政行为构成违法的独立理由

[考点] 具体行政行为的效力与合法性

第6讲 行政许可

专题6 行政许可行为

29. 下列哪些行为适用《行政许可法》的规定？（　　）（多选）

A. 根据某公司的申请，区人社局对其员工闫某的死亡作出工伤认定

B. 根据李某的申请，县市场监管局对其加工厂进行公司登记

C. 根据某建设单位的申请，市住房和城乡建设局对其建设项目进行消防验收备案

D. 根据某高校教师的申请，省公安厅对其出国护照进行审批

[考 点] 行政许可的概念

30. 关于行政许可的设定，下列哪些说法是不正确的？（　　）（多选）

A. 必要时，某自治区首府所在地的市政府制定的规章可设定行政许可

B. 必要时，某省会所在地的市人大制定的地方性法规可设定行政许可

C. 必要时，某自治区政府规章可设定企业的设立登记及其前置性行政许可

D. 某直辖市政府报国务院批准后，可在本行政区域内停止实施行政法规设定的有关经济事务的行政许可

[考 点] 行政许可的设定

31. 根据《城乡规划法》第41条第1款的规定，在乡、村庄规划区内进行乡镇企业、乡村公共设施和公益事业建设的，建设单位或者个人应当向乡、镇人民政府提出申请，由乡、镇人民政府报城市、县人民政府城乡规划主管部门核发乡村建设规划许可证。某村村民宋某准备修建乡村公共体育设施，向乡政府提出申请，乡政府初步审核后报县建设规划局审批。下列哪些说法是正确的？（　　）（多选）

A. 宋某可以委托代理人提出行政许可申请

B. 乡政府应当在受理宋某申请之日起20日内审查完毕

C. 乡村建设工程规划许可作出前应当举行听证

D. 县建设规划局应当自作出准予许可决定之日起 10 日内向宋某颁发、送达建设工程规划许可证

考点 行政许可的程序

32. 《道路交通安全法》第 13 条第 1 款规定："对登记后上道路行驶的机动车，应当依照法律、行政法规的规定，根据车辆用途、载客载货数量、使用年限等不同情况，定期进行安全技术检验。对提供机动车行驶证和机动车第三者责任强制保险单的，机动车安全技术检验机构应当予以检验，任何单位不得附加其他条件。对符合机动车国家安全技术标准的，公安机关交通管理部门应当发给检验合格标志。"唐某向市公安局交通警察支队车辆管理所（以下简称"车管所"）递交机动车行驶证、机动车交通事故责任强制保险单、机动车安全技术检验合格报告等材料，申请领取机动车检验合格标志。车管所工作人员以唐某的机动车共有 4 次违章记录未处理，不符合《机动车登记规定》（公安部令第 164 号）第 54 条第 2 款规定的"申请前，机动车所有人应当将涉及该车的道路交通安全违法行为和交通事故处理完毕"为由，不予受理唐某的申请。唐某提起行政诉讼。下列哪些说法是正确的？（　　）（多选）

A. 车管所核发机动车检验合格标志的行为属于行政许可

B. 车管所不予受理唐某的申请，应当作出书面决定

C. 《机动车登记规定》第 54 条第 2 款的规定属于增设许可条件

D. 唐某可以请求法院一并审查《机动车登记规定》第 54 条第 2 款规定的合法性

考点 行政许可的概念、设定和程序；行政诉讼中附带审查规范性文件

33. 关于行政许可的实施，下列哪些说法是正确的？（　　）（多选）

A. 行政许可需要行政机关内设的多个机构办理的，该机关应当确定一个机构统一受理许可申请，统一送达许可决定

B. 行政机关受理行政许可申请，应当向申请人出具加盖本机关专用印章和注明日期的书面凭证

C. 行政机关审查行政许可申请时发现许可事项直接关系他人重大利益的，应当告知该利害关系人

D. 行政机关作出准予行政许可的决定，应当自作出决定之日起 10 日内向申请人颁发、送达行政许可证件

考点 行政许可的实施

34. 刘某向市卫健委申请在某小区设立个体诊所，市卫健委受理申请。该小区居民陈某等人提出，诊所的医疗废物会造成环境污染，损害公共利益，要求市卫健委不予批准。对此，下列哪些说法符合《行政许可法》的规定？（　　）（多选）

A. 市卫健委对刘某提交的申请材料的受理审查，应当有市卫健委2名以上工作人员进行

B. 市卫健委受理刘某的申请，应当向其出具加盖市卫健委专用印章和注明日期的书面凭证

C. 若市卫健委不予行政许可，应当作出书面决定并说明理由

D. 若市卫健委发现刘某提供虚假材料申请行政许可，刘某3年内不得再次申请该行政许可

考点 行政许可的申请、受理、审查、决定

35. **《排污许可管理条例》第14条第2款规定，排污许可证有效期届满，排污单位需要继续排放污染物的，应当于排污许可证有效期届满60日前向审批部门提出申请。甲公司是一家肥皂及合成洗涤剂制造企业，该单位排污许可证有效期至2021年12月5日。甲公司拟向原发证机关提出续办排污许可证的申请。下列哪些选项是正确的？（　　）（多选）**

A. 甲公司应当在排污许可证有效期届满30日前提出申请

B. 甲公司应当在排污许可证有效期届满60日前提出申请

C. 如甲公司依法提出申请，原发证机关应在2021年12月5日前作出是否准予延续的决定

D. 如甲公司依法提出申请，原发证机关未在2021年12月5日前作出决定的，视为拒绝延续

考点 行政许可的延续

36. **某省甲、乙、丙三名律师决定出资合伙成立“新华夏律师事务所”，向该省司法厅提出申请。该省司法厅告知，根据该省政府规章的相关规定，设立合伙制律师事务所必须有1名以上律师具有硕士以上学位。于是三人补充相关材料后提出申请，填写该省司法厅提供的申请表并交纳了5元工本费。该省司法厅经审查作出了准予设立律师事务所的决定，并颁发了《律师事务所执业证书》。3个月后，该省司法厅发现相关申请材料系伪造，遂撤销准予设立律师事务所的决定。此间，甲、乙、丙三人已付办公场所租金5万元、装修费3万元。下列说法正确的是：（　　）（任选）**

A. 该省政府规章有权规定设立合伙制律师事务所必须有1名以上律师具有硕士以上学位

B. 该省司法厅收取许可申请表5元工本费不合法

C. 该省司法厅应赔偿甲、乙、丙三人支付的办公场所租金和装修费

D. 该省司法厅应当对《律师事务所执业证书》予以注销

考点 行政许可的规定、费用、撤销与注销

第7讲 行政处罚

专题7 行政处罚行为

37. 下列哪些“责令”行为属于行政处罚？（　　）（多选）

A. 某市住建局因某企业未经许可从事特种设施建造活动，责令该企业停止建造活动

B. 某市生态环境局因某企业在围填海工程中使用的填充材料不符合有关环境保护标准且拒不改正，责令该企业停止工程建设

C. 某市交通局因某企业私自采伐公路两侧林木，责令该企业补种采伐的林木

D. 某市林业局因某企业擅自采伐国有林区林木，责令该企业补种 5 倍采伐的林木株数

[考点] 行政处罚的概念

38. 关于行政处罚的设定，下列说法正确的是：（　　）（任选）

A. 必要时，国务院作出的决定可以设定从业限制

B. 必要时，地方性法规可以设定吊销营业执照

C. 必要时，市政府规章可以设定一定数额的罚款

D. 必要时，部门规章可以设定通报批评

[考点] 行政处罚的设定

39. 关于行政处罚管辖，下列哪些说法是不正确的？（　　）（多选）

A. 行政处罚由违法行为发生地的行政机关管辖，法律、法规、规章另有规定的除外

B. 行政处罚由县级以上地方人民政府具有行政处罚权的行政机关管辖，法律、法规、规章另有规定的除外

C. 省、自治区、直辖市可以决定将县级人民政府的行政处罚权交由乡镇人民政府、街道办事处行使

D. 2 个以上行政机关都有管辖权的，由共同的上一级行政机关指定管辖

[考点] 行政处罚管辖

40. 某县村民陶某擅自超出审批面积建造房屋，并于2019年4月建成封顶。2021年5月28日，县自然资源和规划局接到举报，对陶某涉嫌非法占地予以立案调查。2022年3月18日，县自然资源和规划局作出《行政处罚决定书》，责令陶某退还非法占用的土地，限期拆除在非法占用土地上新建的建筑物和其他设施，并在陶某所在村公告栏公告送达《行政处罚决定书》。下列哪些说法是正确的？（　　）（多选）

A. 2022年3月18日作出《行政处罚决定书》的期限违法

B. 由于陶某的违法行为在2年内未被县自然资源和规划局发现，因此不予处罚

C.《行政处罚决定书》在陶某所在村公告栏公告送达违法

D. 若陶某属于初次违法，可不予行政处罚

[考点] 行政处罚的决定期限、追诉时效、送达方式、首违不罚

41. 根据《固体废物污染环境防治法》第102条的规定，擅自堆放工业固体废物，或者未采取相应防范措施，造成工业固体废物环境污染的，处所需处置费用1倍以上3倍以下的罚款，所需处置费用不足10万元的，按10万元计算。又根据《大气污染防治法》第99条第2项的规定，超过大气污染物排放标准排放大气污染物的，处10万元以上100万元以下的罚款。区生态环境局接到举报，经执法人员调查，认定晶山公司在其厂区堆放污泥，释放的臭气浓度超标，既违反了《固体废物污染环境防治法》第102条的规定，又违反了《大气污染防治法》第99条第2项的规定。关于区生态环境局作出的罚款决定，下列哪一说法是不正确的？（　　）（单选）

A. 区生态环境局应当适用《大气污染防治法》进行处罚

B. 区生态环境局进行调查的执法人员应当具有行政执法资格且不得少于2人

C. 区生态环境局可以采用电子邮件的方式送达罚款决定书

D. 区生态环境局作出罚款决定前应当告知晶山公司有要求听证的权利

[考点] 一事不再罚；行政处罚的调查、送达、听证

42. 关于行政处罚中行政机关利用电子技术监控设备收集证据，下列哪些说法是正确的？（　　）（多选）

A. 电子技术监控设备的设置地点应当向社会公布

B. 收集的证据应当进行法制审核，无须进行技术审核

C. 收集的证据未经审核的，不得作为行政处罚的证据

D. 行政机关应当及时告知当事人违法事实，方便当事人查询、陈述和申辩

[考点] 行政处罚证据

43. 2018年7月20日，黄某为修建住宅与某建筑工程公司签订《建筑工程施工合同》。取

得建设施工许可证后，黄某找到包工头谭某，以其母亲的名义与谭某签订《建筑工程承包合同》，由谭某作为实际施工人进行施工。2018 年 11 月 2 日，谭某安排临时工张某到工地做收尾工作时，张某坠楼受伤后死亡。2020 年 4 月 26 日，市应急管理局经调查，认定谭某对生产安全事故的发生负有责任，依据《安全生产法》第 109 条第 1 项（2021 年修正为第 114 条第 1 款第 1 项，标准有变化）等规定，决定对谭某罚款 21 万元。下列哪些说法是正确的？（　　）（多选）

A. 对谭某罚款 21 万元应当由市应急管理局负责人集体讨论决定

B. 谭某的违法行为在 2 年内未被市应急管理局发现的，不再给予行政处罚

C. 市应急管理局在作出罚款决定之前，应当告知谭某拟作出罚款处罚的事实、理由、依据

D. 市应急管理局可以采用传真、电子邮件等方式送达罚款决定书

考点 行政处罚的程序

44. 关于行政罚款，下列哪些说法符合《行政处罚法》的规定？（　　）（多选）

A. 违法事实确凿且有法定依据的，可以当场对公民作出罚款决定的最高数额为 50 元

B. 执法人员可以当场收缴罚款的最高数额为 20 元

C. 执法人员当场收缴罚款时不出具专用票据的，当事人有权拒绝缴纳罚款

D. 当事人到期不缴纳罚款的，行政机关加处罚款的数额不得超出罚款的数额

考点 行政罚款的决定程序和执行程序

专题 8 治安处罚行为

45. 黄某发工资后想留下 500 元自用，遂向其妻谎称回家途中遭遇抢劫，并在其妻要求下进行了报警。公安机关立案调查后，以黄某报假警为由对其处以治安拘留 7 日的处罚。下列哪些说法是不正确的？（　　）（多选）

A. 若公安机关作出拘留决定前传唤黄某，对其询问查证的时间不得超过 8 小时

B. 公安机关作出拘留决定前，应当告知黄某作出拘留处罚的事实、理由及依据

C. 公安机关作出拘留决定前，应当告知黄某有权要求举行听证

D. 公安机关应当将拘留决定书副本抄送黄某妻子

考点 治安管理处罚的程序

46. 陈某因散布虚假信息被公安机关传唤，公安机关以扰乱社会公共秩序为由对其作出拘留 7 日的处罚决定。下列说法错误的是：（　　）（任选）

A. 公安机关可以口头传唤陈某

B. 公安机关应当自立案之日起 90 日内作出处罚决定

C. 公安机关无法当场向陈某宣告处罚决定书的，应当在 7 日内送达陈某

D. 若陈某的违法行为在 3 个月内没有被公安机关发现，不再处罚

考 点 治安管理处罚的程序和适用

47. **吴某与邻居林某由于房屋之间的落水沟问题起争执并发生推搡，致林某受轻微伤。派出所受理后，认为吴某违反治安管理行为情节较轻，遂调解处理。后调解不成，遂根据《治安管理处罚法》第 43 条第 1 款之规定，对吴某作出罚款 200 元的《行政处罚决定书》。下列哪些说法是正确的？（　　）**（多选）

A. 若在派出所的调解下，吴某与林某达成协议，派出所对吴某不予处罚

B. 派出所应当将《行政处罚决定书》副本抄送林某

C. 派出所可以当场作出《行政处罚决定书》

D. 派出所可以当场收缴罚款

考 点 治安管理处罚的程序

第8讲 行政强制

专题9 行政强制行为

48. 某文化艺术会展商务有限公司负责某村土地施工建设。县住房和城乡建设局接到举报，经现场勘察和调查，认定该公司未取得《建设工程规划许可证》即进行施工，属违法建设行为，向该公司下发了《责令停止违法行为通知书》和《拆除通知书》，同时作出《限期拆除通知书》，限该公司在7日内自行拆除违法建筑，逾期不拆除，将按有关规定予以强制拆除。关于《责令停止违法行为通知书》《拆除通知书》《限期拆除通知书》的行为性质，下列说法正确的是：（　　）（任选）

A.《责令停止违法行为通知书》属于行政处罚

B.《责令停止违法行为通知书》属于行政强制措施

C.《拆除通知书》属于行政处罚

D.《限期拆除通知书》属于行政强制措施

[考点] 行政强制措施和行政处罚的概念

49. 关于地方性法规的权限，下列哪一说法是正确的？（　　）（单选）

A. 尚未制定法律、行政法规的，可以设定限制从业

B. 尚未制定法律、行政法规的，可以设定冻结存款

C. 尚未制定法律、行政法规的，可以设定组织设立登记

D. 尚未制定法律、行政法规的，可以设定滞纳金

[考点] 行政处罚、行政许可、行政强制的设定权限

50. 生态环境局执法人员在对某纺织有限公司进行现场检查时发现，该公司在未取得排污许可证的情况下，将印染废水进行排放。生态环境局责令该公司停止排污行为。下列哪些选项是正确的？（　　）（多选）

A. 生态环境局责令该公司停止排污行为属于行政强制执行

B. 生态环境局进行现场检查的执法人员不得少于 2 人

C. 责令该公司停止排污行为前须经生态环境局负责人批准

D. 生态环境局在责令该公司停止排污行为前应当告知该公司有听证的权利

考 点 行政强制措施的概念和程序

51. **区市场监管局接到举报称肖某超范围经营，经现场调查取证，初步认定举报属实，遂扣押与其经营相关的物品，制作扣押财物决定书及财物清单。关于扣押程序，下列哪些说法是正确的？（　　）（多选）**

A. 当场告知肖某扣押的理由和依据

B. 实施扣押时应当制作现场笔录

C. 扣押物品时应当听取肖某的陈述和申辩

D. 区市场监管局可以委托街道办事处实施扣押

考 点 扣押程序

52. **某装饰工程有限责任公司购买了 782 箱瓷砖进行加工处理。市场监管局接到举报，声称该装饰工程有限责任公司假冒某品牌陶瓷的产品。市场监管局执法人员以该批瓷砖存在“质量嫌疑”问题为由，依据《产品质量法》第 18 条第 4 项之规定，对该批瓷砖进行了扣押。下列哪一说法是错误的？（　　）（单选）**

A. 市场监管局执法人员现场检查时应出示执法身份证件

B. 市场监管局扣押瓷砖应通知该装饰工程有限责任公司相关人员到场

C. 扣押涉案瓷砖清单一式二份，由该装饰工程有限责任公司和市场监管局分别保存

D. 扣押瓷砖期间产生的合理保管费用，由该装饰工程有限责任公司承担

考 点 扣押程序

53. **某县市场监督管理局在对某企业的违法行为进行执法检查时，依法扣押了该企业的货物，并决定罚款 1000 元。该企业向该县政府申请复议，该县政府作出行政复议维持决定，但该企业既不缴纳罚款也没有提起诉讼。则该县市场监督管理局可以采取下列哪些措施？（　　）（多选）**

A. 该县市场监督管理局可以每日按罚款数额的 3% 加处罚款

B. 该县市场监督管理局可以拍卖该企业的货物抵缴罚款

C. 该县市场监督管理局可以通知银行划拨该企业的存款抵缴罚款

D. 该县市场监督管理局可以申请法院强制执行

考 点 行政强制执行主体

54. **某采石场存在非法采矿、破坏生态地质环境和毁损林地的违法行为，县国土资源局**

责令该采石场拆除所有生产设施，并对该采石场进行矿山地质环境治理恢复和土地复垦。该采石场拆除生产设施后，没有进行矿山地质环境治理恢复和土地复垦。县国土资源局决定实施代履行。关于代履行，下列哪些说法是正确的？（　　）（多选）

A. 县国土资源局只能委托没有利害关系的第三人代履行

B. 县国土资源局应当在代履行前向该采石场送达决定书

C. 县国土资源局可以在实施代履行后通知该采石场

D. 代履行的费用由该采石场承担，法律另有规定的除外

考点 代履行

55. 市生态环境局以某企业向河道排放污染物为由，依照《水污染防治法》的规定，作出要求其缴纳排污费12万元的决定。该企业拒不缴纳，也不申请复议或提起行政诉讼。市生态环境局决定实施强制执行。下列哪些说法是正确的？（　　）（多选）

A. 市生态环境局加处的滞纳金数额不得超出12万元

B. 该企业履行行政决定确有困难的，市生态环境局应当终结执行

C. 一旦实施强制执行，市生态环境局就不得与该企业达成执行协议

D. 市生态环境局在申请人民法院强制执行前，应当催告该企业履行义务

考点 行政强制执行的实施

56. 某村土地被征收，用于高速公路入城道路建设。经多次协商，县国土资源局未与某养猪专业合作社就各种补偿、补助费金额达成补偿协议。县国土资源局向该养猪专业合作社送达了《责令交回土地决定书》，并在催告该养猪专业合作社领款交地未果后，向法院申请强制执行。下列哪些说法是正确的？（　　）（多选）

A.《责令交回土地决定书》属于行政处罚

B. 县国土资源局申请执行的期限为该养猪专业合作社的履行期限届满之日起3个月

C. 县国土资源局应当向法院提供作出《责令交回土地决定书》的事实、理由和依据

D. 强制执行的费用由该养猪专业合作社承担

考点 行政机关申请法院强制执行程序

第9讲 行政公开

专题10 政府信息公开

57. 2020年3月2日，北京市政府召开疫情防控新闻发布会，向社会通报在湖北监狱刑满释放的人员黄某离开武汉进入北京的细节。由于涉及黄某的个人隐私，根据《政府信息公开条例》的规定，下列哪一选项是正确的？（　　）（单选）

A. 不得公开

B. 黄某不同意公开的，不予公开

C. 予以公开

D. 只有经黄某同意后才能公开

［考点］政府信息公开的范围

58. 刘某系某集体企业职工，该企业经区政府批准后并入另一家集体企业。刘某向区政府申请公开该企业合并的全部档案。区政府作出拒绝公开的答复，理由是该企业合并的档案涉及第三方，且已征询其意见，其答复是不同意公开。下列说法错误的有：（　　）（多选）

A. 区政府应当在收到刘某申请之日起15个工作日内作出答复

B. 刘某应当证明其申请公开的信息与其自身有利害关系

C. 区政府拒绝公开该企业合并的档案的行为合法

D. 区政府拒绝公开可以不说明理由

［考点］政府信息依申请公开的程序

59. 某环保公益组织以某企业造成环境污染为由提起环境公益诉讼，后因诉讼需要，向县生态环境局申请公开该企业的环境影响评价报告、排污许可证信息，申请公开的政府信息涉及该企业的商业秘密。县生态环境局向该企业征求意见。下列哪些说法是不正确的？（　　）（多选）

A. 县生态环境局可以以口头方式征求该企业的意见

B. 该企业应当在15个工作日内提出意见

C. 该企业不同意公开的，县生态环境局即不予公开

D. 若县生态环境局决定予以公开，应当将决定公开的理由书面告知该企业

考点 政府信息依申请公开的程序

60. **某环保联合会向县生态环境局申请公开某化工厂的排污许可证、排污口数量和位置等有关环境信息。县生态环境局以申请公开的内容不明确为由拒绝公开。下列哪些说法是不正确的？**（　　）（多选）

A. 该环保联合会申请公开信息时应当提供其负责人的身份证明材料

B. 县生态环境局可以要求该环保联合会说明申请公开信息的理由

C. 县生态环境局拒绝公开的行为不合法

D. 若县生态环境局提供政府信息，可以向该环保联合会收取合理的信息处理费

考点 政府信息依申请公开的申请、答复与费用

61. **2024年12月至2025年1月，陆某分别向市政府及其职能部门提起94次政府信息公开申请。2025年2月，陆某再次向市发改委申请公开“某工程立项批文”。市发改委可以采取哪些措施？**（　　）（多选）

A. 市发改委可以要求陆某说明理由

B. 市发改委可以直接告知陆某不予处理

C. 市发改委向陆某提供信息的，可以收取信息处理费

D. 公安机关可以对陆某予以治安管理处罚

考点 频繁申请公开政府信息的处理

62. **周某于2020年8月10日经法院诉讼调解离婚。后周某在线上办理公积金事项时，发现其婚姻登记信息一栏显示为“已婚”，无法线上办理相关业务。周某遂向某区民政局提出申请，要求将婚姻登记系统中的婚姻登记信息更正为“离婚”。该区民政局告知周某无法为其更正婚姻登记信息。周某不服，申请行政复议。下列哪一说法是正确的？**（　　）（单选）

A. 周某应当提供证据证明其婚姻登记信息不准确

B. 若该区民政局有权更正，应当予以更正并告知周某

C. 若不属于该区民政局职能范围，该区民政局应当告知周某不予处理

D. 若不属于该区民政局职能范围，该区民政局应当告知周某不予更正

考点 政府信息更正的申请和处理；行政复议管辖

63. **下列哪些说法不符合《政府信息公开条例》的规定？**（　　）（多选）

A. 2个以上行政机关共同制作的政府信息，由共同制作的行政机关负责公开

B. 行政执法案卷信息不得公开

C. 申请人所申请公开信息不属于本行政机关负责公开的，告知申请人不予处理

D. 行政机关依申请公开政府信息的，应当按照申请人要求的形式提供政府信息

[考 点] 政府信息公开的机关、范围与程序

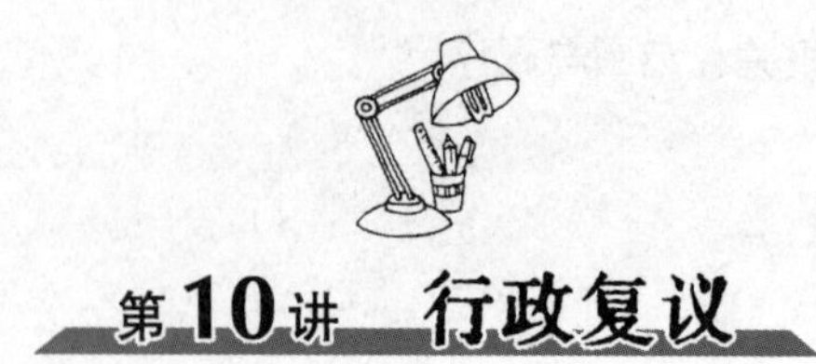

第10讲 行政复议

专题11 行政复议制度

64. 下列选项属于行政复议范围的是：（　　）（任选）

A. 张某以县政府征收其房屋给予的补偿金额太低为由申请行政复议

B. 李某以县政府拒绝赔偿拆除其房屋的损失为由申请行政复议

C. 王某以县政府未按约定履行与其签订的房屋征收补偿协议为由申请行政复议

D. 县政府发布了关于全县征地补偿安置标准的文件，村民杨某以文件确定的补偿标准过低为由申请行政复议

考点 行政复议范围

65. 某市的区公安分局派出所突击检查黄某经营的洗浴城，黄某向正在卖淫嫖娼的人员通风报信，使得派出所突击检查一无所获。派出所工作人员将黄某带回调查，黄某因受到逼供而说出实情。派出所据此决定对黄某罚款500元。黄某不服，申请行政复议。下列哪些选项是正确的？（　　）（多选）

A. 区公安分局派出所是被申请人

B. 区公安分局是被申请人

C. 区公安分局是复议机关

D. 区政府是复议机关

考点 行政复议被申请人与行政复议机关

66. 关于行政复议的管辖，下列哪些说法是错误的？（　　）（多选）

A. 对某省公安厅作出的行政处罚决定不服的，当事人可以向该省政府或者公安部申请复议

B. 对某省司法厅作出的行政处罚决定不服的，当事人可以向该省政府或者司法部申请复议

C. 对某省税务局作出的行政处罚决定不服的，当事人可以向该省政府或者国家税务总局申请复议

D. 对某省国家安全厅作出的行政处罚决定不服的，当事人可以向该省政府或者国家安全部申请复议

考点 行政复议的管辖

67. **2019年3月15日，严某向某市房管局递交出让方为郭某（严某之母）、受让方为严某的房产交易申请表以及相关材料。同年4月20日，该市房管局向严某核发了房屋所有权证。2023年10月5日，郭某因家庭纠纷想出售该房产，发现该房产已不在其名下，遂于2024年1月5日申请行政复议，要求撤销该市房管局向严某核发的房屋所有权证，并向自己核发新证。下列说法正确的是：（　　）（任选）**

A. 本案的复议申请期限为1年

B. 本案的复议申请期限从2019年4月20日起算

C. 本案的复议申请期限从2023年10月5日起算

D. 行政复议机关不予受理案件

考点 行政复议的申请期限

68. **李某放任自己饲养的烈性犬恐吓张某。某县公安局所属派出所对李某当场处以200元罚款。李某向县政府申请行政复议。下列说法正确的是：（　　）（任选）**

A. 李某可以通过该派出所提交行政复议申请

B. 李某的行政复议申请材料不齐全的，县政府应当自收到行政复议申请之日起5日内一次性书面通知李某需要补正的事项

C. 行政复议申请的审查期限届满，县政府未作出不予受理决定的，视为受理

D. 若县政府受理案件，可以适用简易程序审理

考点 行政复议的申请、受理、审理

69. **甲市乙区政府决定征收某村集体土地100亩。该村的50户村民不服，申请行政复议。下列说法正确的是：（　　）（任选）**

A. 50户村民推选2~5名代表参加行政复议

B. 在收到50户村民的行政复议申请后的5日审查期限届满，甲市政府未作出不予受理决定的，收到行政复议申请之日起即为受理

C. 50户村民未在法定申请期限内提出行政复议申请的，甲市政府应当在收到行政复议申请后的5日内决定不予受理并说明理由

D. 甲市政府受理行政复议申请后，发现50户村民未在法定申请期限内提出行政复议申请的，应当决定驳回复议请求并说明理由

考点 行政复议的受理

70. 某市市场监督管理局对美誉公司未取得出版物经营许可证销售电子出版物100套的行为，依据规章作出罚款6000元的决定。美誉公司向该市政府申请行政复议。下列哪些说法是不正确的？（　　）（多选）

A. 该市政府参照规章审理行政复议案件

B. 该市市场监督管理局提出采取听证方式审理的要求的，应当采取听证的方式审理

C. 本案可以书面审理

D. 若本案提请行政复议委员会提出咨询意见，应当根据咨询意见作出行政复议决定

考点 行政复议的审理

71. 县市场监管局认定某公司用超保质期的食品原料生产食品，遂根据《食品安全法》的规定，处以15万元罚款。该公司不服，向县政府申请行政复议。县政府受理案件后组织听证。下列说法正确的是：（　　）（单选）

A. 县政府应当于举行听证的7日前将听证的时间、地点通知该公司

B. 县市场监管局的负责人应当参加听证

C. 听证笔录是作出行政复议决定的重要参考依据

D. 若县政府审理后认为15万元罚款合法、适当，应当驳回该公司的行政复议请求

考点 行政复议的审理

72. 2020年6月5日，房东田某至租赁房屋处与转租租客陈某就房屋租赁问题进行交涉，后发生肢体冲突。某公安分局根据《治安管理处罚法》第43条第1款的规定，决定对陈某处以行政拘留5日的处罚。陈某申请行政复议。在复议案件审理过程中，该公安分局根据《刑事诉讼法》第115条的规定，对陈某以涉嫌寻衅滋事罪为由进行刑事拘留。行政复议程序如何进行？（　　）（单选）

A. 不影响行政复议案件的审理

B. 行政复议终止

C. 若陈某撤回行政复议申请，行政复议终止

D. 对刑事拘留进行审理

考点 行政复议程序

73. 根据《治安管理处罚法》第64条第1项的规定，偷开他人机动车的，处500元以上1000元以下罚款；情节严重的，处10日以上15日以下拘留，并处500元以上1000元以下罚款。王某因偷开陶某的轿车被县公安局处以行政拘留12日，并处罚款800元。王某承认自己确实偷开了陶某的轿车，但认为县公安局的处罚太重，遂申请行政复议。关于行政复议，下列哪些说法是错误的？（　　）（多选）

A. 行政复议机构是县政府

B. 县公安局应当自收到行政复议申请书副本之日起5日内提交作出行政拘留和罚款的证据

C. 行政复议期间，县公安局不得自行向王某收集证据

D. 行政复议期间，县公安局不得补充证据

考点 行政复议机构与行政复议证据

74. 某省会城市市场监督管理局对违法占道经营的商家甲依据省政府规章和市市场监督管理局的规定作出了暂扣营业执照和罚款的处罚。甲不服，向市政府申请行政复议，并申请审查市市场监督管理局的规定。市政府在审查的过程中，发现不仅市市场监督管理局的规定不合法，而且省政府规章也有某些规定可能不合法。下列哪些说法是正确的？（　　）（多选）

A. 市政府应当在30日内对市市场监督管理局的规定进行处理

B. 市政府应当书面通知市市场监督管理局就其规定的合法性提出书面答复

C. 市政府应当在7日内将省政府规章按程序转送有权机关处理

D. 市政府应当决定停止该规定的执行，并责令市市场监督管理局予以纠正

考点 行政复议附带审查

75. 2024年1月3日，某交通警察大队在执勤期间，发现一辆重型半挂牵引车的挂车号牌存在污损，对车辆进行拦检后，认定驾驶员何某存在驾驶污损机动车号牌的机动车上道路行驶的行为，遂依据《道路交通安全法》和《机动车驾驶证申领和使用规定》的规定，当场作出罚款200元、记9分的《公安交通管理简易程序处罚决定书》。次日，何某认为其不存在故意污损号牌的事实，对处罚决定不服，申请行政复议。下列哪些说法是正确的？（　　）（多选）

A. 何某可以通过该交通警察大队提交行政复议申请

B. 本案不得适用简易程序审理

C. 何某可以不经行政复议直接提起行政诉讼

D. 若处罚决定事实清楚，证据确凿，程序合法，但是未正确适用依据，复议机关可以作出变更决定

考点 行政复议的申请、受理与决定

76. 某环保联合会向县生态环境局提出申请，请求公开某化工厂的排污许可证、排污口数量和位置等有关环境信息。县生态环境局拒绝公开。该环保联合会申请行政复议。县政府经调解，制作行政复议调解书：县生态环境局在7日内向该环保联合会公开信息。县生态环境局事后反悔，拒绝公开信息。下列哪些说法是正确的？（　　）（多选）

A. 县政府不得进行调解

B. 该环保联合会可以请求县政府责令县生态环境局公开信息

C. 县政府可以约谈县生态环境局的有关责任人或者予以通报批评

D. 若该环保联合会没有申请行政复议，可以直接提起行政诉讼

考点 行政复议的调解；行政复议决定的执行；复议前置

第11讲 行政诉讼

专题12 行政诉讼之一：受案范围与管辖

77. 下列哪些行为不属于行政诉讼受案范围？（　　）（多选）

A. 市城市管理执法局对执法人员的暴力执法不履行监督职责的行为

B. 市土地登记机构执行法院生效判决时，扩大判决确定的土地范围进行登记的行为

C. 市信访局向市公安局转送信访事项的行为

D. 王某要求市统计局对若干政府信息进行分析，市统计局予以拒绝的行为

[考点] 行政诉讼受案范围

78. 下列哪些案件不属于行政诉讼受案范围？（　　）（多选）

A. 李某不服劳动争议仲裁裁决，向法院起诉

B. 李某不服房屋征收部门对其作出的补偿决定，向法院起诉

C. 某外国人不服公安部对其作出的驱逐出境决定，向法院起诉

D. 李某不服市政府发布的征收土地补偿费标准，向法院起诉

[考点] 行政诉讼受案范围

79. 下列事项属于行政诉讼受案范围的是：（　　）（任选）

A. 某燃气公司因市政府解除与其签订的政府特许经营协议而提起的诉讼

B. 县政府因张某不履行与其签订的房屋征收补偿协议而提起的诉讼

C. 某矿业公司因认为县政府与其签订的煤矿使用权出让协议无效而提起的诉讼

D. 某投资公司因认为甲、乙两地政府签订的公务协助协议违法而提起的诉讼

[考点] 行政诉讼受案范围

80. 关于行政诉讼的管辖，下列说法正确的是：（　　）（任选）

A. 对某省公安厅作出的罚款决定不服的案件，应由该省公安厅所在地的中级法院管辖

B. 对某县政府作出的强制拆除决定不服的案件，应由该县政府所在地的基层法院管辖

C. 对司法部作出的处罚决定不服的案件，应由司法部所在地的中级法院管辖

D. 对某县税务局作出的罚款决定申请复议，市税务局作出复议改变决定，对复议改变决定不服的案件，应由市税务局所在地的基层法院管辖

考点 行政诉讼的管辖

81. 因某生物科技有限责任公司（位于甲市A区）生产的疫苗所含成分与国家药品标准规定的成分不符，省药监局（位于甲市B区）决定吊销该公司的《药品生产许可证》。该公司不服，向省政府（位于甲市C区）申请复议。省政府以程序违法为由作出确认省药监局吊销《药品生产许可证》的行为违法的复议决定。该公司遂向法院起诉。关于本案的管辖法院，下列说法正确的是：（　　）（任选）

A. 甲市A区法院有管辖权　　**B.** 甲市B区法院有管辖权

C. 甲市C区法院有管辖权　　**D.** 甲市中级法院有管辖权

考点 行政诉讼的管辖

82. 李某家住某市A区，酒后驾车闯入某汽车站，造成该汽车站秩序混乱。该汽车站所在地该市B区公安分局以酒后驾车为由对李某采取限制人身自由的强制措施，并对李某驾驶的车辆予以扣押。李某不服，申请复议。位于该市C区的该市公安局以李某扰乱公共秩序为由，维持该市B区公安分局的强制措施决定。李某不服，欲提起诉讼。则其可向哪些法院提起诉讼？（　　）（多选）

A. 该市A区法院　　**B.** 该市B区法院

C. 该市C区法院　　**D.** 该市中级法院

考点 行政诉讼的管辖

83. 2015年2月，甲市的张某去乙地海关提取一批从国外进口的香料。在此过程中，张某被乙地海关根据《海关法》以“涉嫌走私犯罪”为由扣留。扣留后，乙地海关又认定：张某的行为不构成走私犯罪，但存在违反海关监管规定的行为，决定免予处罚，故将张某释放。下列哪些选项是正确的？（　　）（多选）

A. 乙地海关的行为有《刑事诉讼法》的明确授权，依法不属于行政诉讼受案范围

B. 张某可以向甲市中级法院提起行政诉讼

C. 张某可以向乙地海关所在地的市人民政府申请行政复议

D. 张某可以向乙地海关的上一级海关申请行政复议

考点 行政诉讼受案范围、管辖和行政复议机关

专题13 行政诉讼之二：当事人

84. 齐某向某省交通运输厅道路运输局邮寄申请，认为某客运公司侵占其运营路线，要求依法予以查处，并吊销该客运公司的道路运输经营许可证。该省交通运输厅道路运输局一直未作出答复。齐某提起行政诉讼，法院通知省交通运输厅道路运输局负责人出庭应诉。该省交通运输厅道路运输局答辩称，根据《道路交通安全法》及该省的相关规定，对违反规定线路行驶行为的执法权属于省内各级交通稽查机构，该局不予答复并无不当。下列哪些说法是正确的？（　　）（多选）

A. 齐某具有原告资格

B. 该客运公司为本案第三人

C. 若齐某委托诉讼代理人，应当向法院提交授权委托书

D. 该省交通运输厅道路运输局只委托律师出庭应诉

[考 点] 行政诉讼原告、被告、第三人、诉讼代理人

85. 某市为设区的市。该市城管局认定伍某无规划许可证擅自搭建钢结构的行为，违反了《城乡规划法》第64条的规定，向其下达了《通知》：责令停止违法行为；逾期不停止违法行为的，将依法给予行政处罚。伍某不服，向该市政府申请行政复议。该市政府认为，《通知》不是最终的行政决定，只是行政行为作出前的一项程序，不属于行政复议范围，遂作出《复议决定》，驳回伍某的行政复议申请。伍某不服，提起行政诉讼。关于本案的被告，下列说法正确的是：（　　）（任选）

A. 本案被告为该市城管局

B. 本案被告为该市政府

C. 本案被告为该市城管局和该市政府

D. 本案被告为该市城管局或该市政府

[考 点] 行政诉讼被告

86. 某市为设区的市。该市城管局认定伍某无规划许可证擅自搭建钢构的行为，违反了《城乡规划法》第64条的规定，向其下达了《通知》：责令停止违法行为；逾期不停止违法行为的，将依法给予行政处罚。伍某不服，向该市政府申请行政复议。该市政府认为，虽然《通知》适用法律错误，但已实施完毕，遂作出《复议决定》，确认《通知》违法。伍某不服，提起行政诉讼。关于本案的被告，下列说法正确的是：（　　）（任选）

A. 本案被告为该市城管局

B. 本案被告为该市政府

C. 本案被告为该市城管局和该市政府

D. 本案被告为该市城管局或该市政府

考点 行政诉讼被告

87. A市的李某驾车送人前往B市，在B市甲区与B市乙区居民范某的车相撞，并将范某打伤。B市甲区公安分局决定扣留李某的汽车，并对李某罚款300元，随后发现李某“毒驾”并对其强制戒毒。范某认为对李某的处罚过轻，要求行政机关依法追究其责任。下列哪一说法是正确的？（　　）（单选）

A. B市乙区公安分局可以对李某进行行政处罚

B. 李某可以向B市公安局申请行政复议

C. 李某只能向B市甲区法院提起行政诉讼

D. 范某可以向B市甲区法院提起行政诉讼

考点 行政诉讼的管辖；原告资格

88. 国家市场监管总局以某公司违反《产品质量法》的规定为由，决定吊销该公司的营业执照。该公司不服，申请复议。复议机关作出复议维持决定。该公司遂提起诉讼，法院受理。下列哪些说法是正确的？（　　）（多选）

A. 复议机关为国家市场监管总局

B. 被告为国家市场监管总局

C. 本案由中级法院管辖

D. 本案由国家市场监管总局所在地法院管辖

考点 行政复议机关；经复议案件的被告与管辖法院

89. 甲、乙、丙三人为邻居。甲通过关系取得在原地基扩大的基础上增加建筑面积的建房许可证。由于其院落扩大，阻碍了乙、丙两家的正常通行，乙在与甲协商未果的情况下，就房地产管理局的行为向人民法院提起行政诉讼。丙乐于坐享其成，没有提起行政诉讼。下列说法正确的是：（　　）（任选）

A. 丙虽然是利害关系人，但由于其没有提起行政诉讼，因此不能参加诉讼

B. 丙是利害关系人，人民法院应当通知其作为共同原告参加诉讼

C. 丙是利害关系人，人民法院应当通知其作为第三人参加诉讼

D. 丙即使参加诉讼，若对人民法院的一审判决不服，也不能提起上诉

考点 行政诉讼第三人

90. 杨某系某出租车公司驾驶员。2018 年 12 月 5 日凌晨，杨某在某机场搭载外地乘客牛某前往某小区。同日，牛某向某市交通运输局投诉杨某存在绕道行驶的行为，该市交通运输局予以立案。该市交通运输局调查后认定杨某存在绕道行驶的行为，对杨某罚款 2000 元，暂扣其从业资格证 10 日；对杨某所在出租车公司罚款 3000 元。杨某起诉至法院。下列哪一说法是正确的？（　　）（单选）

A. 暂扣杨某从业资格证 10 日为行政强制措施

B. 该市交通运输局对该出租车公司罚款 3000 元不得适用简易程序

C. 法院应当通知牛某参加诉讼

D. 法院应当通知该出租车公司参加诉讼

[考 点] 行政处罚的概念和程序；行政诉讼第三人

专题14 行政诉讼之三：程序

91. 下列情形中，当事人必须先申请行政复议，对复议决定不服的，才能提起行政诉讼的有哪些？（　　）（多选）

A. 高某因偷税被某税务机关进行税务处罚并采取税务强制措施，高某不服

B. 生态环境局在进行执法检查时发现某企业违法排放污水，当场责令其停止排污行为，该企业不服

C. 市场监督管理局对罗某申请药品经营许可证作出不予许可决定，罗某不服

D. 规划局对刘某申请信息公开作出不予公开决定，刘某不服

[考 点] 行政复议与行政诉讼的程序关系

92. 2019 年 3 月 15 日，严某向某市房管局递交出让方为郭某（严某之母）、受让方为严某的房产交易申请表以及相关材料。同年 4 月 20 日，该市房管局向严某核发了房屋所有权证。2023 年 10 月 5 日，郭某因家庭纠纷想出售该房产，发现该房产已不在其名下，随后以该市房管局为被告提起行政诉讼。关于起诉期限，下列哪一说法符合法律规定？（　　）（单选）

A. 郭某应当自 2019 年 4 月 20 日起 6 个月内提起行政诉讼

B. 郭某应当自 2019 年 4 月 20 日起 1 年内提起行政诉讼

C. 郭某应当自 2023 年 10 月 5 日起 6 个月内提起行政诉讼

D. 郭某应当自 2023 年 10 月 5 日起 5 年内提起行政诉讼

[考 点] 行政诉讼起诉期限

93. 某市退休工人林某肢体重度残疾，行走存在严重障碍。2012 年 9 月，林某向该市住房

保障和房产管理局（以下简称“市房管局”）提出廉租房实物配租申请，取得一套廉租房。2015年7月13日，该市房管局认定其存在取得廉租房后连续6个月未实际居住等情形，遂收回该房。2016年4月，林某将该市房管局诉至法院。法院对于林某的起诉当场不能判定是否符合起诉条件。下列哪些说法是正确的？（　　）（多选）

A. 法院应当接收林某的起诉状，并出具注明收到日期的书面凭证

B. 若林某的起诉状内容有欠缺，法院应当给予指导和释明，并一次性告知需要补正的内容

C. 若法院不接收林某的起诉状、不出具书面凭证，林某可以向上一级法院上诉

D. 若法院既不立案，又不作出不予立案的裁定，林某可以向上一级法院起诉

[考点] 行政诉讼登记立案

94. 李某向区市场监管局提交《举报书》，请求区市场监管局对某商店向其销售未经CCC强制认证的灯具的行为进行查处，并以书面形式向其回复查处结果。区市场监管局收到《举报书》后一直未对李某作出回复。李某遂向法院提起行政诉讼。下列哪些说法是正确的？（　　）（多选）

A. 李某应当自区市场监管局收到《举报书》2个月期限届满之日起6个月内提起诉讼

B. 李某不具有原告资格

C. 李某应当提交与被诉行政行为具有利害关系的材料

D. 法院当场不能判定李某是否具有原告资格的，应当先予立案

[考点] 行政诉讼原告、起诉期限、登记立案和举证责任

95. 某公司请求民政部向其书面公开某社会团体的登记资料。民政部收到该公司的申请后，未作出答复。该公司遂提起行政诉讼，法院受理案件。在行政诉讼期间，民政部向该公司作出《政府信息告知书》：该社会团体的登记资料属于已公开的信息，故对其申请不予处理。该公司收到《政府信息告知书》后，未撤诉。下列说法正确的是：（　　）（任选）

A. 民政部作出的《政府信息告知书》不合法

B. 民政部作出《政府信息告知书》视为行政诉讼中被告改变被诉行政行为

C. 法院不得适用简易程序审理本案

D. 法院可以进行调解

[考点] 申请公开政府信息的答复；行政诉讼中被告改变行政行为；行政诉讼的调解程序和简易程序

96. 张某具有某房屋的房产证及土地产权证，龚某出资将该房屋拆除后重建了一层砖木结构的房屋。张某书写了一份遗嘱，内容为：张某去世后，房屋及土地由龚某继承。

根据龚某的申请，区政府向龚某颁发了国有土地使用证。后张某向法院提起诉讼，请求撤销颁发给龚某的国有土地使用证，并请求法院解决所涉房屋及土地争议。法院受理了案件。下列哪一说法是正确的？（　　）（单选）

A. 本案应由房屋及土地实际所在地法院管辖

B. 张某请求法院一并解决所涉房屋及土地争议，只能在第一审开庭审理前提出

C. 若法院一并审理相关民事争议，民事争议应当单独立案

D. 若诉讼期间张某死亡，其近亲属可以张某的名义参加诉讼

考点 行政诉讼的原告资格转移、地域管辖；行政附带民事诉讼

97. 县国土资源局发现某公司未经批准非法占用土地，对该公司作出责令退还非法占用的土地、拆除非法占用的土地上新建的建筑物、恢复土地原状并罚款12万元的决定。决定作出后，县国土资源局进行了催告，并向有关部门进行了报告、告知、函告，却未进一步采取措施，非法占用土地的行为仍然持续。县检察院向县国土资源局提出检察建议。县国土资源局函复称：已向县政府书面报告和向违法行为所在地镇政府发出告知函，并已约谈该公司的负责人。县检察院提起行政公益诉讼，法院判决县国土资源局继续履行监督、管理的法定职责。下列哪些说法是正确的？（　　）（多选）

A. 县检察院提起行政公益诉讼前应当向县国土资源局提出检察建议

B. 县国土资源局应当在收到检察建议书之日起2个月内书面回复县检察院

C. 法院应当在开庭3日前向县检察院送达出庭通知书

D. 县国土资源局不履行生效判决的，县检察院应当向法院申请强制执行

考点 行政公益诉讼

98. 某公司未经批准从河道违法取用地下水。2016年9月、2018年8月，市（设区的市）水利局先后两次督促区水利局对该公司违法取用地下水的行为进行查处，区水利局均未依法采取相应措施。2019年12月23日，区检察院向法院提起诉讼，请求判令区水利局查处该公司违法取用地下水的行为。下列哪一说法是正确的？（　　）（单选）

A. 由于市水利局已督促区水利局履行职责，因此区检察院提起诉讼前无须督促区水利局履行职责

B. 区检察院应当向法院提交区水利局行为致使公共利益受到侵害的证明材料

C. 由于本案涉及公共利益，因此由区水利局所在地中级法院管辖

D. 河道所在地的社会公益组织有权对区水利局不履行职责的行为提起诉讼

考点 行政公益诉讼的诉前程序、举证责任、管辖、起诉主体

99. 市城管执法局对某风景区进行城管执法，认定刘某属于擅自建房，并组织强制拆除。刘某的父亲和嫂子称房屋系二人共建，向法院起诉，请求确认拆除行为违法，要求赔偿损失，法院予以受理。关于本案，下列说法正确的是：（　　）（任选）

A. 刘某的父亲和嫂子应当提供证据证明房屋为二人共建或二人与拆除行为有利害关系

B. 刘某的父亲和嫂子应当提供证据证明起诉符合法定期限

C. 市城管执法局应当提供证据和依据证明其有拆除房屋的决定权和强制执行的权力

D. 若市城管执法局不提供相应证据，视为拆除行为违法

考点 行政诉讼的举证责任

专题15 行政诉讼之四：证据

100. 2016年8月8日，许某向区政府申请信息公开，要求区政府公开拟拆除房屋现状图和拟建建筑总平面图。区政府受理后，于2016年8月26日作出《政府信息公开告知书》：①拟拆除房屋现状图不属于区政府掌握范围，市规划局属于该信息的公开机关；②拟建建筑总平面图不存在。许某遂提起行政诉讼。下列说法正确的是：（　　）（任选）

A. 区政府应当告知许某市规划局的联系方式

B. 许某应当提供其具有原告资格的证据材料

C. 区政府应当提供《政府信息公开告知书》合法的证据

D. 区政府认为许某起诉超过法定期限的，由区政府承担举证责任

考点 依申请公开政府信息；行政诉讼的举证责任

101. 区文化广播影视局在例行检查中发现雾城影院存有大量未经公开发行的音像资料，因而认定这些音像资料是非法出版物，对雾城影院进行了罚款，并没收其存有的音像资料。后来，雾城影院提起了行政诉讼，提出证据证明其存有的音像资料是某工厂委托他们录制的本厂文娱晚会视频资料，暂时存放在雾城影院。下列说法正确的是：（　　）（任选）

A. 区文化广播影视局在诉讼过程中不得自行收集证据

B. 区文化广播影视局经人民法院准许，可以针对雾城影院提出的其代为录制该工厂文娱晚会视频资料的证据补充相应的证据

C. 区文化广播影视局可以申请人民法院调取证明被诉行政行为合法的证据

D. 区文化广播影视局可以将雾城影院在诉讼中提出的证据作为证明被诉行政行为合法的依据

考点 行政诉讼被告举证限制、证据效力

102. 2014年4月22日，王某与区政府城中村改造指挥部签订了房屋拆迁补偿安置协议。2015年7月15日，区政府作出《关于城中村改造工程中居民王某的安置协议作废问题的决定》，表示因王某之弟持有房屋房产证且提出产权归属异议，决定城中村改造指挥部与王某所签协议作废，待其家庭内部达成协议后另行处理。王某不服，提起行政诉讼，请求法院撤销该决定。法院受理案件后，区政府未答辩、未出庭，王某之弟则向法院提供了证明被拆迁房屋存在产权归属争议的证据。下列哪些说法是正确的？（　　）（多选）

A. 王某之弟为本案第三人

B. 王某之弟可以要求法院一并解决房屋产权归属争议

C. 区政府未答辩，视为没有相应证据

D. 法院可以将区政府未出庭的情况予以公告

[考 点] 行政诉讼第三人、举证责任和被告缺席；行政附带民事诉讼

103. 在某法院受理的一起交通处罚案件中，被告提供了当事人闯红灯的现场笔录。该现场笔录载明了当事人闯红灯的时间、地点和拒绝签名的情况，但没有当事人的签名，也没有其他证人的签名。原告主张其当时不在现场，并有一朋友为其提供书面证人证言。下列哪些说法是正确的？（　　）（多选）

A. 被告提供的现场笔录无当事人签名，不具有证据效力

B. 原告对该现场笔录的真实性有异议的，可以要求被告相关行政执法人员出庭说明

C. 原告朋友提供的书面证人证言应附有证明其证人身份的文件

D. 该法院对原告是否闯红灯无法认定

[考 点] 行政诉讼证据要求、证据效力

专题16 行政诉讼之五：判决与执行

104. 甲县A公司将3辆进口汽车卖给乙县B公司，B公司将汽车运回乙县后被乙县市场监督管理局查处。乙县市场监督管理局以A公司无进口汽车证明、B公司无准运证从事非法运输为由，决定没收该3辆汽车。B公司不服该决定，向乙县政府申请行政复议。乙县政府作出维持没收该3辆汽车的复议决定。B公司提起行政诉讼。下列哪些行为属于法院的审理对象？（　　）（多选）

A. A公司进口汽车的行为

B. B公司运输汽车的行为

C. 乙县市场监督管理局没收汽车的行为

D. 乙县政府维持没收汽车的行为

[考 点] 行政诉讼的审理对象

105. 王某因殴打李某被县公安局予以警告。王某认为自己没有斗殴，遂向法院起诉，请求撤销警告。在法院审理过程中，县公安局又发现李某受轻微伤，经认定，该伤系王某殴打所致，于是县公安局改变原处罚决定，对王某处以罚款 2000 元。王某并未撤诉，同时又起诉了新的处罚决定。法院经审理认为，王某确有斗殴行为，县公安局给予王某警告是正确的，但李某的轻微伤不是王某造成的。法院应当如何判决？（　　）（任选）

A. 撤销警告决定

B. 驳回王某关于撤销警告的诉讼请求

C. 撤销罚款决定

D. 确认罚款决定违法

[考点] 行政诉讼的判决

106. 张某向县公安局报警称，邻居梁某酒后将他家的门、窗等物品砸坏。县公安局接警后，电话告知其与梁某自行协商解决。张某申请行政复议未果后，向法院起诉县公安局不履行法定职责。下列哪些说法是正确的？（　　）（多选）

A. 张某的起诉期限为 15 日

B. 张某应当提供其向县公安局报警的证据

C. 县公安局应当对其行为的合法性负举证责任

D. 法院应当判决县公安局履行职责

[考点] 行政诉讼的起诉期限、举证责任、判决

107. 某公司计划在县城内开设经营性网吧，遂向县文广局申请互联网上网经营登记。县文广局作出《不予批准决定书》，理由是县政府制定的《关于贯彻网吧准入新政策的实施意见》（以下简称《意见》）中规定：由于县城范围内网吧过多，不予放开网吧登记。该公司将《不予批准决定书》诉至法院，一并请求审查《意见》的合法性。法院受理案件。下列哪些说法是正确的？（　　）（多选）

A. 该公司请求审查《意见》的合法性只能在第一审开庭审理前提出

B. 法院应当听取县政府的意见

C.《意见》属于增设行政许可条件

D. 若《意见》违法，法院应当撤销《意见》

[考点] 行政诉讼中规范性文件附带审查

108. 某律师向某市的区司法局申请公开全区律师注册费收支信息，遭拒后向法院提起诉讼。法院判决区司法局在判决生效后 30 日内向该律师公开全区律师注册费收支信

息。判决生效后，区司法局逾期拒不履行，该律师申请强制执行。关于法院可采取的执行措施，下列说法正确的是：（　　）（任选）

A. 对区司法局按日处100元的罚款

B. 对区司法局主要负责人处以罚款

C. 经法院院长批准，对区司法局直接责任人予以司法拘留

D. 责令由市司法局对该律师的申请予以处理

考点 行政诉讼的执行

109. 2013年4月19日，区市政市容委与某停车公司订立《机动车停车委托管理协议》（以下简称《委托管理协议》），约定："区市政市容委提供路侧占道、公共场地停车场，将市政规划红线内具有政府管理属性的场地，委托给该停车公司进行管理。机动车停车委托管理期限为10年，即2013年6月1日至2023年6月1日。"2017年4月27日，为了有效改善出行环境，尤其是最大限度满足群众对停车位的需求，市政府办公厅印发了《某市路侧停车管理改革方案》，规定改革路侧停车管理模式，取消路侧停车管理特许经营。2017年8月17日，区市政市容委向该停车公司发出《通知》，表示《委托管理协议》已经无法继续实际履行，因此解除《委托管理协议》。该停车公司不服，诉至法院，请求撤销《通知》。下列说法正确的是：（　　）（任选）

A. 该停车公司的起诉可以参照民事法律规范确定诉讼时效

B. 区市政市容委应当对《通知》的合法性进行举证

C. 该停车公司可以要求区市政市容委补偿《通知》造成的经济损失

D. 法院可以进行调解

考点 行政协议诉讼

110. 某区政府成立了雪山片区指挥部，负责雪山片区四村整合安置房项目。2015年10月，雪山片区指挥部与赵某订立了拆迁安置补偿协议。协议订立后，赵某将其房屋交付拆除。2017年7月，雪山片区指挥部通知赵某，决定不再对其进行房屋安置，理由是本次安置属于重复安置。赵某对雪山片区指挥部不履行拆迁安置补偿协议不服，提起行政诉讼。法院经审理认为，重复安置的理由不能成立。下列哪些说法是正确的？（　　）（多选）

A. 本案的被告为该区政府

B. 本案的起诉期限为6个月

C. 重复安置的举证责任由赵某承担

D. 法院判决被告继续履行拆迁安置补偿协议

考点 行政协议诉讼

第12讲 国家赔偿

专题17 国家赔偿制度

111. 下列哪些情形属于国家赔偿范围？（　　）（多选）

A. 警察王某玩弄其手枪走火致人伤残的

B. 服刑人员章某为达到保外就医目的而自伤的

C. 民事诉讼中法院违法对律师赵某采取司法拘留的

D. 公安派出所接到肖某报警后拒不出警造成其超市财物被抢劫的

考点 国家赔偿范围

112. 区政府未能与杨某达成关于杨某房屋的征收补偿协议。后区政府直接用铲车对杨某房屋实施拆除，并造成屋内财物损毁。杨某认为区政府对其房屋的强拆行为违法，提起了行政诉讼。法院受理案件后，审查确认区政府对杨某房屋的强拆行为违法。下列说法正确的是：（　　）（任选）

A. 法院审查杨某的起诉时，认为可能存在行政赔偿的，应当告知杨某可以一并提起行政赔偿诉讼

B. 杨某提出赔偿请求的，就区政府对杨某房屋实施拆除时造成的屋内财产损失，由区政府承担举证责任

C. 杨某提出赔偿请求的，对其主张的生产和生活所必需物品的合理损失，法院应当予以支持

D. 区政府对杨某房屋的强拆行为未被确认为违法，杨某只提起行政赔偿诉讼的，法院应当视为提起行政诉讼时一并提起行政赔偿诉讼

考点 行政赔偿诉讼

郜某饮酒后因琐事与肖某打斗。公安局接警后，将郜某、肖某传唤至公安局进行调查、询问。在询问郜某过程中，郜某用头撞击地面之后平躺到地板上，民警未当即检查郜某头磕地后的伤情，而是继续询问。当郜某出现呕吐、发热等症状时，民警通知郜某工友

将其带走。后工友送郜某至医院接受治疗，郜某被诊断为重度颅脑损伤，全部丧失行为能力。郜某的家属遂向公安局申请国家赔偿。

请根据上述材料，回答第113、114题。

113. 关于本案的赔偿，下列说法正确的是：（　　）（任选）

A. 公安局不应当承担赔偿责任，因为郜某是由于自己的行为致使损害发生

B. 公安局的行为与郜某的损害之间是否存在因果关系，应当由公安局提供证据

C. 确定赔偿数额时应当考虑公安局的行为在损害发生过程和结果中所起的作用等因素

D. 郜某扶养的无劳动能力的人的生活费不属于国家赔偿项目

[考点] 国家赔偿范围、举证责任、赔偿项目

114. 关于本案的赔偿程序，下列说法不正确的是：（　　）（任选）

A. 郜某的家属提交的赔偿申请材料不齐全的，公安局应当一次性告知郜某的家属需要补正的全部内容

B. 若对公安局作出的赔偿决定不服，郜某的家属可以向上一级公安机关申请行政复议

C. 若对公安局作出的赔偿决定不服，郜某的家属提起行政赔偿诉讼的期限为3个月

D. 郜某的家属可以不经公安局先行处理，即直接向法院提起行政赔偿诉讼

[考点] 行政赔偿程序

115. 甲公司向某区法院起诉，请求乙公司返还货款15万元，并请求依法保全乙公司价值10万元的汽车。在甲公司提供担保后，该区法院采取了保全措施。后二审法院最终维持了该区法院要求乙公司返还货款10万元的判决。甲公司在申请强制执行时，发现诉讼期间，该区法院在乙公司没有提供担保的情况下解除了保全措施，现乙公司已变卖汽车、转移货款，致判决无法执行。甲公司遂申请国家赔偿。下列哪些说法是正确的？（　　）（多选）

A. 甲公司请求国家赔偿的时效为2年

B. 甲公司的赔偿请求属于国家赔偿范围

C. 甲公司应当先申请确认该区法院解除保全措施的行为违法

D. 赔偿义务机关作出赔偿决定前，可以与甲公司就赔偿方式、赔偿项目和赔偿数额进行协商

[考点] 国家赔偿的时效；司法赔偿的范围和程序

116. 张某租用一门面开办美容店。税务部门以张某逃税为由查封美容店，并扣押美容仪器设备，美容店停业。张某向法院起诉，法院撤销查封、扣押决定。张某申请国家

赔偿。下列选项属于国家赔偿范围的是：（　　）（任选）

A. 张某美容店被查封的名誉损失

B. 解除查封、扣押措施造成的财产损失

C. 支付的门面租赁费

D. 扣押的美容仪器设备已被拍卖的，给付拍卖所得的价款及相应的赔偿金

考点 国家赔偿方式与费用

117. 周某在某自然村集体土地上拥有两处房屋。该村实施农房拆迁改造，因未能与周某达成安置补偿协议，2012 年 3 月，拆迁办组织人员将周某房屋强制拆除。与拆迁办协商赔偿无果后，周某诉至法院，请求赔偿损失。下列哪些说法是正确的？（　　）（多选）

A. 周某的起诉期限为 6 个月

B. 对周某房屋的赔偿应当按照拆除房屋时的市场价格计算；该价格不足以弥补周某损失的，可以采用其他合理方式计算

C. 通过行政补偿程序依法应当获得的奖励、补贴属于赔偿范围

D. 周某获得的行政赔偿不得少于其依法应当获得的安置补偿权益

考点 行政赔偿诉讼起诉期限；国家赔偿方式

118. 2020 年 4 月 15 日，区法院以非法经营罪判处王某有期徒刑 6 年，并处罚金 35 万元。王某不服，提起上诉。2020 年 12 月 6 日，市中级法院维持原判并交付执行，王某的汽车被变卖。王某仍不服，向省高级法院提出申诉。2021 年 9 月 9 日，省高级法院宣告王某无罪释放。2021 年 12 月，王某申请国家赔偿。关于本案的赔偿，下列说法正确的是：（　　）（任选）

A. 王某应当向市中级法院申请赔偿

B. 对王某限制人身自由的每日赔偿金按国家 2020 年度职工日平均工资计算

C. 应当返还王某 35 万元罚金，并支付银行同期存款利息

D. 应当赔偿王某申请国家赔偿所产生的误工费、律师咨询费

考点 刑事赔偿义务机关；国家赔偿方式与项目

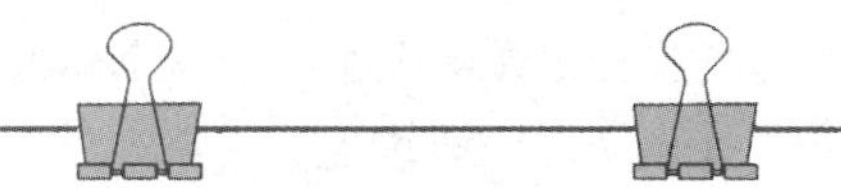

答案及解析

Answer Key and Explanations

1. 考点 行政争议的概念；行政补偿与行政赔偿的区分

答案 B

解析 A、B 选项：本案中，街道办事处作为区政府指定的搬迁实施单位，与该建工公司签订施工合同的行为属于行政委托。该建工公司的拆除行为本质上是履行行政职责，由此引发的纠纷属于行政争议，而非平等主体之间的民事争议。故 A 选项错误，B 选项正确。

C 选项：该建工公司的拆除行为是受行政机关委托的职务行为，其过错导致的损害应由委托机关即街道办事处承担行政赔偿责任，而非民事赔偿责任。故 C 选项错误。

D 选项：行政补偿针对的是合法行政行为造成的损失，如合法征收中的补偿。而本案中，肖某的房屋受损是因拆除行为实施中的过错导致的，属于行使行政职权过程中因过错而侵犯了公民的合法权益，应适用行政赔偿，而非行政补偿。故 D 选项错误。

2. 考点 合法行政

答案 ABD

解析 A 选项：根据《行政强制法》第 17 条第 1 款的规定，行政强制措施由法律、法规规定的行政机关在法定职权范围内实施。行政强制措施权不得委托。扣押属于行政强制措施，县市场监管局不得委托镇政府实施扣押行为。故 A 选项中的做法违反了合法行政的要求，当选。

B 选项：根据《行政强制法》第 29 条第 1 款的规定，冻结存款、汇款应当由法律规定的行政机关实施，不得委托给其他行政机关或者组织；其他任何行政机关或者组织不得冻结存款、汇款。根据《行政处罚法》第 72 条第 1 款第 2 项的规定，当事人逾期不履行行政处罚决定的，作出行政处罚决定的行政机关可以根据法律规定，将查封、扣押的财物拍卖、依法处理或者将冻结的存款、汇款划拨抵缴罚款。可知，冻结存款和划拨存款抵缴罚款只能由法律规定的机关实施。市土地局既无权冻结该企业的银行存款，也无权划拨抵缴罚款。故B选项中的做法违反了合法行政的要求，当选。

C选项：根据《治安管理处罚法》第91条的规定，治安管理处罚由县级以上人民政府公安机关决定；其中警告、500元以下的罚款可以由公安派出所决定。根据《治安管理处罚法》第100条的规定，违反治安管理行为事实清楚，证据确凿，处警告或者200元以下罚款的，可以当场作出治安管理处罚决定。可知，公安派出所对治安违法事实清楚的当事人有权作出罚款500元的决定，但不能当场作出，否则违反了治安管理处罚的程序规定。故C选项中的做法违反了程序正当的要求，不违反合法行政的要求，不当选。

D选项：根据《行政许可法》第15条第2款的规定，地方性法规和省、自治区、直辖市人民政府规章，不得设定应当由国家统一确定的公民、法人或者其他组织的资格、资质的行政许可；不得设定企业或者其他组织的设立登记及其前置性行政许可。其设定的行政许可，不得限制其他地区的个人或者企业到本地区从事生产经营和提供服务，不得限制其他地区的商品进入本地区市场。省政府发布规章，要求外地物流公司到本地运输货物应事前得到省邮政管理局审批，属于设定许可限制外地物流公司到本地运输货物。故D选项中的做法违反了合法行政的要求，当选。

3. 考点 合理行政

答案 C

解析 A、B、C、D选项：本题问的是法院适用了哪一原则作出判决，因此，法院的审理对象及判决理由就是解析本题的关键。从题干可知，法院的审理对象是市监局罚款30万元这一行为，法院的判决结果是撤销处罚决定，责令市监局重新作出处罚决定。合理行政原则的要求之一是比例原则。比例原则要求，行政机关在可以采用多种方式实现某一行政目的的情况下，应当采用对当事人权益损害最小的方式，即行政机关能用轻微的方式实现行政目的的，就不能选择使用手段激烈的方式。题目中，法院的判决理由是罚款30万元明显不符合过罚相当的要求，该判决适用了合理行政原则中的比例原则。故C选项当选，A、B、D选项不当选。

4. 考点 程序正当

答案 AD

解析 A选项：根据《行政处罚法》第56条的规定，行政机关在收集证据时，在证据可能灭失或者以后难以取得的情况下，经行政机关负责人批准，可以先行登记保存。某市场监管局行政执法人员未经负责人批准直接对证据先行登记保存，违反了法定程序，违背了程序正当的要求。故A选项当选。

B选项：根据《行政强制法》第47条第1款的规定，划拨存款、汇款应当由法律规定的行政机关决定，并书面通知金融机构。由于某生态环境局不是法律规定的具有划拨强制执行权的机关，因此，其通知银行划拨某企业的存款以抵缴罚款违反的是合法行政原则的无法不为要求。故B选项不当选。

C选项：虽然某公安派出所拟对王某罚款500元的行为不属于《治安管理处罚法》第98条规定的法定听证的适用范围，但是，该公安派出所告知王某可以申请听证，愿意给王某组织听证，从保护被处罚当事人权利的角度分析，该行为不仅不违反法定程序，反而体现了程序正当的要求。故C选项不当选。

D选项：根据《行政强制法》第18条第1款第2项的规定，行政机关实施行政强制措施应当由2名以上行政执法人员实施。因此，由1名交警当场作出扣押的强制措施，违反了法定程序，违背了程序正当的要求。故D选项当选。

5. 考点 信赖保护

答案 BC

解析 信赖保护体现为两个方面：①非因法定事由并经法定程序，行政机关不得撤销、变更已经生效的行政决定。这是存续保护。②因公共利益等法定事由需要撤回、变更行政决定的，应当依照法定权限和程序进行，并对行政相对人因此受到的财产损失予以补偿。这是财产保护。

A选项：设定和实施行政处罚与违法行为的事实、性质、情节以及社会危害程度相当，这体现了行政处罚要考虑相关因素，排除无关因素，属于合理行政原则。故A选项不当选。

B选项：行政机关不得擅自改变已经生效的行政许可，这是对被许可人的存续保护，体现了信赖保护的要求。故B选项当选。

C选项：为了公共利益的需要，行政机关变更或者撤回已经生效的行政许可，对由此给公民、法人或者其他组织造成的财产损失给予补偿，这是对被许可人的财产保护，体现了信赖保护的要求。故C选项当选。

D选项：达到行政管理目的时，采用非强制手段优先于行政强制手段，这体现了对当事人的最小损害，属于合理行政原则中的比例原则。故D选项不当选。

6. 考点 行政法基本原则

答案 ABCD

解析 A选项：卫健委定期公布法定传染病信息，属于行政公开的范围，体现了程序正当原则中的行政公开，而不是诚实守信原则。故A选项不正确，当选。

B选项：规划局不随意撤回已生效的行政许可，体现了诚实守信原则中的信赖保护，而不是合法行政原则。故B选项不正确，当选。

C选项：市场监管局执法时平等对待市场主体，体现了合理行政原则中的公平公正，即要求行政机关平等地对待行政管理相对人，不偏私、不歧视，而不是权责统一原则。故C选项不正确，当选。

D选项：根据《行政强制法》第26条第3款的规定，因查封、扣押发生的保管费用由行政机关承担。D选项中，交通运输局将扣押车辆的停车费用减半收取，违反了合法行政原则。高效便民原则应当以合法行政原则为基础，D选项未体现高效便民原则。故D选项不正确，当选。

7. 考点 国务院直属机构的设置；行政立法的制定主体；国务院行政机构的司级内设机构设置

答案 AB

解析 A选项：根据《立法法》第91条第1款的规定，国务院各部、委员会、中国人民银行、审计署和具有行政管理职能的直属机构以及法律规定的机构，可以根据法律和国务院的行政法规、决定、命令，在本部门的权限范围内，制定规章。因此，国家金融监管总局作为国务院直属机构，有权制定规章。故A选项正确。

B选项：根据《国务院行政机构设置和编制管理条例》第8条的规定，国务院直属机构、国务院办事机构和国务院组成部门管理的国家行政机构的设立、撤销或者合并由国务院机构编制管理机关提出方案，报国务院决定。因此，国家金融监管总局作为国务院直属机构，其设立由国务院决定。故B选项正确。

C选项：根据《国务院行政机构设置和编制管理条例》第12条的规定，国务院行政机构设立后，需要对职能进行调整的，由国务院机构编制管理机关提出方案，报国务院决定。因此，需要对国家金融监管总局的职能进行调整的，由国务院决定。故C选项错误。

D选项：根据《国务院行政机构设置和编制管理条例》第14条的规定，国务院行政机构的司级内设机构的增设、撤销或者合并，经国务院机构编制管理机关审核方案，报国务院批准。国务院行政机构的处级内设机构的设立、撤销或者合并，由国务院行政机构根据国家有关规定决定，按年度报国务院机构编制管理机关备案。因此，国家金融监管总局拟合并司级内设机构的，需经国务院机构编制管理机关审核方案，报国务院批准。故D选项错误。

8. 考点 国务院议事协调机构的职权、法律地位、设置和编制管理

答案 ABCD

解析 A选项：根据《国务院行政机构设置和编制管理条例》第6条第7款的规定，在特殊或者紧急的情况下，经国务院同意，国务院议事协调机构可以规定临时性的行政管理措施。因此，国务院关税税则委员会作为国务院议事协调机构，在特殊或者紧急的情况下，规定临时性的行政管理措施需要经国务院同意。故A选项说法错误，当选。

B选项：根据《国务院行政机构设置和编制管理条例》第11条的规定，国务院议事协调机构的设立、撤销或者合并，由国务院机构编制管理机关提出方案，报国务院决定。因此，国务院关税税则委员会的设立、撤销或合并，由国务院决定，无须提请全国人大或全国人大常委会决定。故B选项说法错误，当选。

C选项：根据《国务院行政机构设置和编制管理条例》第20条的规定，国务院议事协调机构不单独确定编制，所需要的编制由承担具体工作的国务院行政机构解决。因此，国务院关税税则委员会设立时不单独确定编制，所需要的编制由承担具体工作的国务院行政机构——财政部解决。故C选项说法错误，当选。

D选项：根据《国务院行政机构设置和编制管理条例》第12条的规定，国务院行政机构设立后，需要对职能进行调整的，由国务院机构编制管理机关提出方案，报国务院决定。因此，国务院关税税则委员会设立后，需要对其职能进行调整的，由国务院机构编制管理机关提出方案，报国务院决定。故D选项说法错误，当选。

9. [考点] 地方政府行政机构的设置

[答案] AC

[解析] A、C选项：根据《地方各级人民政府机构设置和编制管理条例》第9条的规定，地方各级人民政府行政机构的设立、撤销、合并或者变更规格、名称，由本级人民政府提出方案，经上一级人民政府机构编制管理机关审核后，报上一级人民政府批准。因此，省文化厅和旅游厅、省卫生厅均属于省人民政府的行政机构，其合并或者变更名称应当经国务院机构编制管理机关审核后，报国务院批准。故A、C选项当选。

B选项：根据《地方各级人民政府机构设置和编制管理条例》第13条的规定，县级以上地方各级人民政府行政机构的内设机构的设立、撤销、合并或者变更规格、名称，由该行政机构报本级人民政府机构编制管理机关审批。因此，省住房和城乡建设厅作为省人民政府的行政机构，其处级内设机构的增设由省住房和城乡建设厅报请省人民政府机构编制管理机关审批即可。故B选项不当选。

D选项：根据《地方各级人民政府机构设置和编制管理条例》第11条第1款的规定，地方各级人民政府设立议事协调机构，应当严格控制；可以交由现有机构承担职能的或者由现有机构进行协调可以解决问题的，不另设立议事协调机构。由此可知，地方各级人民政府的议事协调机构由地方各级人民政府自己设立。因此，省人民政府可设立议事协调机构，无需经国务院机构编制管理机关审核后，报国务院批准。故D选项不当选。

10. [考点] 行政机构的编制管理

[答案] BCD

[解析] A选项：根据《国务院行政机构设置和编制管理条例》第18条第1款的规定，国务院行政机构的编制在国务院行政机构设立时确定。故A选项说法正确，不当选。

B选项：根据《国务院行政机构设置和编制管理条例》第19条的规定，国务院行政机构增加或者减少编制，由国务院机构编制管理机关审核方案，报国务院批准。因此，国务院办事机构增加或者减少编制，最终需要报国务院批准，国务院办事机构不能自行决定。故B选项说法错误，当选。

C选项：根据《地方各级人民政府机构设置和编制管理条例》第16条的规定，地方各级人民政府的行政编制总额，由省、自治区、直辖市人民政府提出，经国务院机构编制管理机关审核后，报国务院批准。因此，甲省乙市政府的行政编制总额，应当由甲省政府提出，报国务院批准。故C选项说法错误，当选。

D选项：根据《地方各级人民政府机构设置和编制管理条例》第18条的规定，地方各级人民政府根据调整职责的需要，可以在行政编制总额内调整本级人民政府有关部门的行政编制。但是，在同一个行政区域不同层级之间调配使用行政编制的，应当由省、自治区、直辖市人民政府机构编制管理机关报国务院机构编制管理机关审批。因此，省政府要调配使用本省不同层级之间的行政编制的，应当由省政府机构编制管理机关报国务院机构编制管理机关审批。故D选项说法错误，当选。

11. 考点 公务员的录用

答案 ABC

解析 A选项：根据《公务员法》第34条的规定，新录用的公务员试用期为1年。试用期满合格的，予以任职；不合格的，取消录用。由此可知，公务员的试用期是法定1年，而不是由用人单位自行决定。故A选项说法错误，当选。

B选项：根据《公务员法》第95条第1款的规定，公务员对涉及本人的下列人事处理不服的，可以自知道该人事处理之日起30日内向原处理机关申请复核；对复核结果不服的，可以自接到复核决定之日起15日内，按照规定向同级公务员主管部门或者作出该人事处理的机关的上一级机关提出申诉；也可以不经复核，自知道该人事处理之日起30日内直接提出申诉：……②辞退或者取消录用；……由此可知，王某被取消录用的，可以申请复核或提出申诉，而不是向人事争议仲裁委员会申请仲裁。故B选项说法错误，当选。

C选项：根据《公务员法》第26条的规定，下列人员不得录用为公务员：①因犯罪受过刑事处罚的；②被开除中国共产党党籍的；③被开除公职的；④被依法列为失信联合惩戒对象的；⑤有法律规定不得录用为公务员的其他情形的。以上五种情形中并不包括“因试用期满不合格被取消录用”。故C选项说法错误，当选。

D选项：根据《公务员法》第19条第1、2款的规定，公务员职级在厅局级以下设置。综合管理类公务员职级序列分为：一级巡视员、二级巡视员、一级调研员、二级调研员、三级调研员、四级调研员、一级主任科员、二级主任科员、三级主任科员、四级主任科员、一级科员、二级科员。由此可知，一级科员属于公务员职级。故D选项说法正确，不当选。

12. 考点 公务员的录用

答案 ABCD

解析 A选项：根据《公务员法》第26条第1项的规定，因犯罪受过刑事处罚的人员不得录用为公务员。因此，张某虽受过刑事拘留，但并非被处以刑事处罚，其仍可以录用为公务员。故A选项说法错误，当选。

B选项：根据《公务员法》第26条第2项的规定，被开除中国共产党党籍的人员不得录用为公务员。因此，刘某虽受到留党察看，但并非被开除党籍，其仍可以录用为公务员。故B选项说法错误，当选。

C选项：根据《公务员法》第34条的规定，新录用的公务员试用期为1年。因此，县财政局新录用的公务员王某的试用期为1年，由法律直接规定，而非由县财政局予以确定。故C选项说法错误，当选。

D选项：根据《公务员法》第34条的规定，试用期满合格的，予以任职；不合格的，取消录用。“取消录用”发生在已录用后，是内部行政行为；而“不予录用”发生在未录用前，是外部行政行为。因此，赵某被取消录用，在性质上与不予录用不能等同。故D选项说法错误，当选。

13. [考点] 公务员的聘任

[答案] ABC

[解析] A选项：聘任制公务员的录用程序不同于一般公务员。根据《公务员法》第101条第1款的规定，机关聘任公务员可以参照公务员考试录用的程序进行公开招聘，也可以从符合条件的人员中直接选聘。由此可知，该县公安局聘任公务员，既可以参照公务员考试录用的程序进行公开招聘，也可以从符合条件的人员中直接选聘。故A选项说法错误，当选。

B选项：根据《公务员法》第102条第2款的规定，聘任合同的签订、变更或者解除，应当报同级公务员主管部门备案。由此可知，聘任合同应当报同级公务员主管部门备案，而无须报省公务员主管部门批准。故B选项说法错误，当选。另外需要提醒的是，根据《公务员法》第100条的规定，机关可以对专业性较强的职位和辅助性职位实行聘任制，涉及国家秘密的职位不实行聘任制。故县公安局对孙某聘任的职位，不得涉及国家秘密。

C选项：根据《公务员法》第100条的规定，机关根据工作需要，经省级以上公务员主管部门批准，可以对专业性较强的职位和辅助性职位实行聘任制。上述职位涉及国家秘密的，不实行聘任制。由此可知，涉及国家秘密的职位，不实行聘任制。故C选项说法错误，当选。

D选项：根据《公务员法》第103条第2款的规定，聘任合同期限为1~5年。聘任合同可以约定试用期，试用期为1~12个月。由此可知，聘任制公务员的试用期最长为12个月。故D选项说法正确，不当选。

14. [考点] 公务员的管理

[答案] AB

[解析] A选项：根据《公务员法》第21条第1款的规定，公务员的领导职务、职级应当

对应相应的级别。公务员领导职务、职级与级别的对应关系，由国家规定。故A选项说法正确。

B选项：根据《公务员法》第37条第1款的规定，非领导成员公务员的定期考核采取年度考核的方式。故B选项说法正确。

C选项：根据《公务员法》第80条第4款的规定，公务员在定期考核中被确定为优秀、称职的，按照国家规定享受年终奖金。因此，公务员在定期考核中被确定为基本称职的，可以享受年终奖金。故C选项说法错误。

D选项：根据《公务员法》第57条第2款的规定，对公务员监督发现问题的，应当区分不同情况，予以谈话提醒、批评教育、责令检查、诫勉、组织调整、处分。又根据《公务员法》第62条的规定，处分分为：警告、记过、记大过、降级、撤职、开除。因此，诫勉不是对公务员的行政处分，而是对公务员的监督。故D选项说法错误。

15. 考点 行政处分的处分期、程序和解除

答案 BD

解析 A选项：根据《公务员法》第64条第2款的规定，受处分的期间为：警告，6个月；记过，12个月；记大过，18个月；降级、撤职，24个月。因此，李某的处分期为24个月。故A选项说法错误。

B选项：根据《公务员法》第63条第3款的规定，处分决定机关认为对公务员应当给予处分的，应当在规定的期限内，按照管理权限和规定的程序作出处分决定。处分决定应当以书面形式通知公务员本人。因此，对李某作出的处分决定应当以书面形式通知李某。故B选项说法正确。

C选项：根据《公务员法》第64条第1款的规定，公务员在受处分期间不得晋升职务、职级和级别，其中受记过、记大过、降级、撤职处分的，不得晋升工资档次。因此，对李某执行撤职处分，在受处分期间不得晋升工资档次。故C选项说法错误。

D选项：根据《公务员法》第65条第2款的规定，解除处分后，晋升工资档次、级别和职务、职级不再受原处分的影响。但是，解除降级、撤职处分的，不视为恢复原级别、原职务、原职级。因此，李某的撤职处分被解除后，其职务和级别均不能恢复。故D选项说法正确。

16. 考点 公务员的职位管理；政务处分与行政处分的关系

答案 AC

解析 A选项：根据《公务员法》第107条第1款的规定，公务员辞去公职或者退休的，原系领导成员、县处级以上领导职务的公务员在离职3年内，其他公务员在离职2年内，不得到与原工作业务直接相关的企业或者其他营利性组织任职，不得从事与原工作业务直接相关的营利性活动。由此可知，公务员“辞去公职”和“退休”有离职后的从业限

制，而针对“被辞退”的公务员，没有离职后的从业限制。故A选项中的情形不违反《公务员法》的规定，当选。

B选项：根据《公务员法》第87条第4款的规定，领导成员因其他原因不再适合担任现任领导职务的，或者应当引咎辞职本人不提出辞职的，应当责令其辞去领导职务。可见，领导成员应当引咎辞职而本人不提出辞职的，应当责令其辞去“领导职务”，而不是辞去“公职”。故B选项中的情形违反了《公务员法》的规定，不当选。

C选项：根据《公务员法》第74条第2款的规定，公务员不得在其配偶、子女及其配偶经营的企业、营利性组织的行业监管或者主管部门担任领导成员。C选项中，赵某是市药品监督管理局局长，其配偶、子女及其配偶不得在该市从事药品经营，但并不限制其侄子在该市从事药品经营。故C选项中的情形不违反《公务员法》的规定，当选。

D选项：根据《公务员法》第61条的规定，公务员因违纪违法应当承担纪律责任的，依照本法给予处分或者由监察机关依法给予政务处分。对同一违纪违法行为，监察机关已经作出政务处分决定的，公务员所在机关不再给予处分。由此可知，行政处分与政务处分只能适用其一。因此，在公务员刘某因吸食毒品受到政务处分后，其所在机关不再给予行政处分。故D选项中的情形违反了《公务员法》的规定，不当选。

17. 考点 公务员的录用、职务与职级、交流

答案 AB

解析 A选项：根据《公务员法》第93条的规定，公务员符合下列条件之一的，本人自愿提出申请，经任免机关批准，可以提前退休：……由此可知，公务员提前退休须经任免机关批准。故A选项当选。

B选项：根据《公务员法》第21条第2款的规定，根据工作需要和领导职务与职级的对应关系，公务员担任的领导职务和职级可以互相转任、兼任；符合规定资格条件的，可以晋升领导职务或者职级。故B选项当选。

C选项：根据《公务员法》第26条的规定，下列人员不得录用为公务员：①因犯罪受过刑事处罚的；②被开除中国共产党党籍的；③被开除公职的；④被依法列为失信联合惩戒对象的；⑤有法律规定不得录用为公务员的其他情形的。由此可知，《公务员法》并不禁止录用被辞退的公务员。故C选项不当选。

D选项：根据《公务员法》第19条第2款的规定，综合管理类公务员职级序列分为：一级巡视员、二级巡视员、一级调研员、二级调研员、三级调研员、四级调研员、一级主任科员、二级主任科员、三级主任科员、四级主任科员、一级科员、二级科员。根据《公务员法》第70条第1款的规定，国有企业、高等院校和科研院所以及其他不参照本法管理的事业单位中从事公务的人员，可以调入机关担任领导职务或者四级调研员以上及其他相当层次的职级。由此可知，国有企业、高等院校和科研院所中从事公务的人员，可以调入机关担任四级调研员以上职级，而不是主任科员以下职级。故D选项不当选。

18. [考点] 行政法规的制定权限

[答案] A

[解析] A、B、C、D 选项：根据《立法法》第 72 条第 1 款的规定，国务院根据宪法和法律，制定行政法规。根据《行政法规制定程序条例》的规定，行政法规须经法定程序立项、起草、审查、决定、公布，特别是须经国务院总理签署国务院令公布施行。因此，就一般情形而言，经国务院批准、由国务院部门公布的规范性文件不属于行政法规，而属于部门规章。但是，《关于审理行政案件适用法律规范问题的座谈会纪要》指出，考虑建国后我国立法程序的沿革情况，现行有效的行政法规有以下三种类型：①国务院制定并公布的行政法规。②《立法法》施行以前，按照当时有效的行政法规制定程序，经国务院批准、由国务院部门公布的行政法规。但在《立法法》施行以后，经国务院批准、由国务院部门公布的规范性文件，不再属于行政法规。③在清理行政法规时由国务院确认的其他行政法规。题目中的《外国人在中华人民共和国收养子女登记办法》于 1999 年 5 月 12 日经国务院批准，1999 年 5 月 25 日经民政部发布，属于 2000 年 7 月 1 日《立法法》施行以前，按照当时有效的行政法规制定程序，经国务院批准、由国务院部门公布的行政法规。故 A 选项当选，B、C、D 选项不当选。

19. [考点] 行政法规的起草与审查

[答案] ABC

[解析] A 选项：根据《行政法规制定程序条例》第 12 条第 1 项的规定，起草行政法规，应当符合本条例第 3、4 条的规定，并符合弘扬社会主义核心价值观的要求。因此，起草行政法规应当弘扬社会主义核心价值观。故 A 选项说法正确。

B 选项：行政法的基本原则之一是权责统一原则。根据《行政法规制定程序条例》第 12 条第 5 项的规定，起草行政法规应当符合的要求之一就是体现行政机关的职权与责任相统一的原则。故 B 选项说法正确。

C 选项：根据《行政法规制定程序条例》第 18 条第 1 款的规定，报送国务院的行政法规送审稿，由国务院法制机构负责审查。由此可知，行政法规送审稿的审查主体是国务院法制机构。故 C 选项说法正确。

D 选项：根据《行政法规制定程序条例》第 19 条第 1 项的规定，行政法规送审稿属于制定行政法规的基本条件尚不成熟或者发生重大变化的，国务院法制机构可以缓办或者退回起草部门。由此可知，制定行政法规的基本条件尚不成熟的，国务院法制机构既可以缓办，也可以将行政法规送审稿退回起草部门，并非应将行政法规送审稿退回起草部门。故 D 选项说法错误。

20. [考点] 行政法规的制定主体与程序

[答案] ABCD

解析 A选项：根据《立法法》第72条第1款的规定，国务院根据宪法和法律，制定行政法规。由此可知，行政法规由国务院制定，司法部无权制定。故A选项说法不正确，当选。

B选项：根据《立法法》第73条第2款的规定，国务院有关部门认为需要制定行政法规的，应当向国务院报请立项。由此可知，向国务院报请立项的主体是国务院有关部门，而非国务院的下级政府。故B选项说法不正确，当选。

C选项：根据《立法法》第73条第1款的规定，国务院法制机构应当根据国家总体工作部署拟订国务院年度立法计划，报国务院审批。根据《行政法规制定程序条例》第9条第1款的规定，国务院法制机构应当根据国家总体工作部署，对行政法规立项申请和公开征集的行政法规制定项目建议进行评估论证，突出重点，统筹兼顾，拟订国务院年度立法工作计划，报党中央、国务院批准后向社会公布。由此可知，国务院法制机构"拟订"国务院年度立法工作计划，而非"制定"。故C选项说法不正确，当选。

D选项：根据《行政法规制定程序条例》第30条的规定，行政法规在公布后的30日内由国务院办公厅报全国人民代表大会常务委员会备案。由此可知，行政法规是由"国务院办公厅"报请备案，而非"国务院法制机构"。故D选项说法不正确，当选。

21. 考点 部门规章的制定主体、立法权限、效力

答案 ABC

解析 A选项：根据《立法法》第92条的规定，涉及2个以上国务院部门职权范围的事项，应当提请国务院制定行政法规或者由国务院有关部门联合制定规章。故A选项说法不正确，当选。

B选项：根据《立法法》第91条第2款的规定，没有法律或者国务院的行政法规、决定、命令的依据，部门规章不得设定减损公民、法人和其他组织权利或者增加其义务的规范，不得增加本部门的权力或者减少本部门的法定职责。因此，据以"增加本部门的权力或者减少本部门的法定职责"的依据，不仅包括行政法规，还包括法律和国务院的决定、命令。故B选项说法不正确，当选。

C选项：根据《立法法》第91条第1款的规定，国务院各部、委员会、中国人民银行、审计署和具有行政管理职能的直属机构以及法律规定的机构，可以根据法律和国务院的行政法规、决定、命令，在本部门的权限范围内，制定规章。因此，"国务院组成部门管理的国家行政机构"并没有制定规章的权限。故C选项说法不正确，当选。

D选项：根据《立法法》第106条第1款第3项的规定，部门规章之间、部门规章与地方政府规章之间对同一事项的规定不一致时，由国务院裁决。因此，部门规章与地方政府规章之间对同一事项的规定不一致时，由国务院裁决，国务院的裁决为最终裁决。故D选项说法正确，不当选。

22. 考点 地方政府规章的制定主体和监督

答案 C

解析 A选项：根据《立法法》第93条第1款的规定，省、自治区、直辖市和设区的市、自治州的人民政府，可以根据法律、行政法规和本省、自治区、直辖市的地方性法规，制定规章。由此可知，设区的市的人民政府都有权制定地方政府规章。根据2015年3月15日施行的《全国人民代表大会关于修改〈中华人民共和国立法法〉的决定》和2023年3月15日施行的《全国人民代表大会关于修改〈中华人民共和国立法法〉的决定》的规定，广东省东莞市和中山市、甘肃省嘉峪关市、海南省三沙市和儋州市，比照适用《立法法》有关赋予设区的市地方立法权的规定。由此可知，广东省东莞市和中山市、甘肃省嘉峪关市、海南省儋州市人民政府作为不设区的市的人民政府（2020年4月18日，经国务院批准，海南省三沙市设立西沙区、南沙区，三沙市人民政府为设区的市的人民政府），也有权制定地方政府规章。故A选项说法错误。

B选项：根据《规章制定程序条例》第7条的规定，规章的名称一般称"规定""办法"，但不得称"条例"。故B选项说法错误。

C选项：根据《立法法》第108条的规定，改变或者撤销法律、行政法规、地方性法规、自治条例和单行条例、规章的权限是：……③国务院有权改变或者撤销不适当的部门规章和地方政府规章；……由此可知，地方政府规章内容不适当的，国务院应当予以改变或者撤销。故C选项说法正确。

D选项：根据《立法法》第93条第3款的规定，设区的市、自治州的人民政府根据本条第1、2款制定地方政府规章，限于城乡建设与管理、生态文明建设、历史文化保护、基层治理等方面的事项。已经制定的地方政府规章，涉及上述事项范围以外的，继续有效。由此可知，针对城乡建设与管理、生态文明建设、历史文化保护、基层治理等方面的事项立法是对"设区的市、自治州的人民政府"制定地方政府规章的要求，而不包括"省、自治区、直辖市的人民政府"制定地方政府规章。故D选项说法错误。

23. 考点 行政法规和规章的备案和解释

答案 BD

解析 A选项：根据《行政法规制定程序条例》第30条的规定，行政法规在公布后的30日内由国务院办公厅报全国人民代表大会常务委员会备案。又根据《规章制定程序条例》第34条的规定，规章应当自公布之日起30日内，由法制机构依照《立法法》和《法规规章备案条例》的规定向有关机关备案。因此，行政法规和规章都应当在公布后的30日内报请备案。但是，行政法规是由"国务院办公厅"报请备案，规章是由"法制机构"报请备案。故A选项说法错误。

B选项：根据《立法法》第109条第4项的规定，部门规章和地方政府规章报国务院备案；地方政府规章应当同时报本级人民代表大会常务委员会备案；设区的市、自治州的人民政府制定的规章应当同时报省、自治区的人民代表大会常务委员会和人民政府备案。因此，部门规章和地方政府规章公布后都应当报国务院备案。故B选项说法正确。

C选项：根据《行政法规制定程序条例》第31条第1款的规定，行政法规有下列情形之一的，由国务院解释：①行政法规的规定需要进一步明确具体含义的；②行政法规制定后出现新的情况，需要明确适用行政法规依据的。又根据《规章制定程序条例》第33条第1、2款的规定，规章解释权属于规章制定机关。规章有下列情形之一的，由制定机关解释：①规章的规定需要进一步明确具体含义的；②规章制定后出现新的情况，需要明确适用规章依据的。因此，行政法规和规章由制定机关解释。故C选项说法错误。

D选项：根据《行政法规制定程序条例》第31条第3款的规定，行政法规的解释与行政法规具有同等效力。又根据《规章制定程序条例》第33条第4款的规定，规章的解释同规章具有同等效力。故D选项说法正确。

24. 考点 具体行政行为的判断

答案 C

解析 A选项：公安机关既属于行政机关，也属于刑事侦查机关，其根据《刑事诉讼法》的明确授权实施的行为，属于刑事司法行为。因此，某区公安分局对汽车被盗案件不予立案的行为，属于在刑事诉讼过程中不履行职责的刑事司法行为，不属于具体行政行为。故A选项不当选。

B、C选项：具体行政行为是针对特定对象的处理，区别于抽象行政行为。某县交通局向社会发布通知，是针对不特定对象的抽象行政行为。故B选项不当选。某市政府发布通告，是针对特定对象（通告附件所列名单中的高污染企业）要求停产3个月，即针对特定对象的具体行政行为。故C选项当选。

D选项：具体行政行为是单方行为，区别于行政协议，行政协议是双方行为。行政协议，是指行政机关为了实现公共利益或者行政管理目标，在法定职责范围内，与公民、法人或者其他组织协商订立的具有行政法上权利义务内容的协议。某区政府为了安置灾民而与某酒店签订的征用补偿协议是行政协议。故D选项不当选。

25. 考点 具体行政行为的概念

答案 B

解析 A、B、C、D选项：具体行政行为是一种法律行为，这是相对于行政事实行为而言的。具体行政行为是行政机关使公民、法人或者其他组织在行政法上的权利义务得以建立、变更或者消灭的行为。行政事实行为是不以建立、变更或者消灭当事人法律上的权利义务为目的的行政活动，是行政职权实施中的行为。虽然行政事实行为不是法律行为，但是它会产生法律责任。行政事实行为造成公民、组织合法权益受到损害的，有关机关需承担国家赔偿责任。执法人员抽走梯子的行为是实施行政职权中的行为，不以建立、变更或者消灭当事人法律上的权利义务为目的，因此属于行政事实行为，不属于具体行政行为，而行政强制执行和行政处罚行为都是具体行政行为。故B选项当选，A、C、D选项不当选。

26. 考点 具体行政行为的效力

答案 CD

解析 A选项：原则上，具体行政行为一经成立就可以立即生效，即具体行政行为一经作出就推定产生效力。因为具体行政行为的背后往往是公共利益，推定其具有效力是为了保护公共利益。但是有例外情况，有时具体行政行为需要经过某一事件发生或者经过一段时间后才能生效，这是附条件生效。故A选项说法错误。

B选项：根据《行政复议法》第42条的规定，行政复议期间行政行为不停止执行；但是有下列情形之一的，应当停止执行：①被申请人认为需要停止执行；②行政复议机关认为需要停止执行；③申请人、第三人申请停止执行，行政复议机关认为其要求合理，决定停止执行；④法律、法规、规章规定停止执行的其他情形。行政复议期间具体行政行为停止执行，属于具体行政行为效力的中止，即暂停执行，而非具体行政行为效力的终止。故B选项说法错误。

C选项：导致具体行政行为效力终止的原因，分为没有违法因素的终止和有违法因素的终止。没有违法因素的终止是具体行政行为予以废止，有违法因素的终止是具休行政行为无效和具体行政行为被撤销。故C选项说法正确。

D选项：具体行政行为的执行力，是指使用国家强制力迫使当事人履行义务或者以其他方式实现具体行政行为权利义务安排的效力。行政强制执行是强制实现具体行政行为的权利义务安排，是执行力的制度保障。故D选项说法正确。

27. 考点 具体行政行为的撤销和撤回

答案 ABCD

解析 A选项：具体行政行为被撤销的效力可以溯及该具体行政行为成立之日，但当事人在撤销决定作出之前一直要受该具体行政行为的约束。故A选项说法不正确，当选。

B选项：具体行政行为的撤回对撤回之前的行为效力没有影响，撤回之前给予当事人的利益不再收回，行政机关不能将撤回前给予当事人的利益收回。故B选项说法不正确，当选。

C选项：因具体行政行为撤回致使当事人的合法权益受到损失的，应给予当事人“补偿”，而不是“赔偿”。故C选项说法不正确，当选。

D选项：无效的具体行政行为属于明显且重大违法的具体行政行为，致使当事人的合法权益受到损失的，应给予当事人“赔偿”，而不是“补偿”。故D选项说法不正确，当选。

28. 考点 具体行政行为的效力与合法性

答案 CD

解析 A、B选项：具体行政行为的拘束力，是指具体行政行为一经生效，行政机关和对方当事人都必须遵守，其他国家机关和社会成员必须予以尊重的效力。具体行政行为的确定力，是指具体行政行为不再争议、不得更改、不可撤销的效力。具体行政行为不再争议、不得更改、不可撤销属于具体行政行为的“确定力”，而非“拘束力”。故A选项说法错误。提起行政诉讼属于救济方式，不会必然导致具体行政行为丧失拘束力。故B选项说法错误。

C、D选项：认定具体行政行为合法的基本标准是：①行使行政职权的主体合法；②合乎法定职权范围；③具体行政行为的证据确凿；④适用法律法规正确；⑤符合法定程序；⑥不滥用职权；⑦无明显不当。上述七个条件同时具备，才构成具体行政行为的合法，每一个条件都是构成具体行政行为合法的必要条件；如果其中任何一个条件不具备，即使其他条件都具备，也构成具体行政行为的违法，每一个不具备的条件都构成具体行政行为违法的独立理由。因此，适用法律法规正确是具体行政行为合法的必要条件，明显不当是具体行政行为构成违法的独立理由。故C、D选项说法正确。

29. 考点 行政许可的概念

答案 BD

解析 A选项：行政确认，是指行政主体依法对行政相对人的法律地位、法律关系或有关法律事实进行甄别，给予确定、认定、证明并予以宣告的具体行政行为。区人社局对闫某死亡作出的工伤认定属于行政确认，不适用《行政许可法》的规定。故A选项不当选。

B选项：根据《公司法》第29条第1款的规定，公司的设立登记的法律效力是使公司取得法人资格，进而取得从事经营活动的合法身份。根据《行政许可法》第2条、第12条第5项的规定，公司的设立登记是符合《行政许可法》规定的行政许可——“行政机关根据公民、法人或者其他组织的申请，经依法审查，准予其从事特定活动”。县市场监管局对李某的加工厂进行公司登记属于行政许可，适用《行政许可法》的规定。故B选项当选。

C选项：消防验收备案是住房和城乡建设部门对需要进行消防设计的建设工程进行抽查后认定是否合格的行政行为，一旦消防设施被住房和城乡建设部门评定为合格，那就视为住房和城乡建设部门在事实上确认了工程的消防质量合格。市住房和城乡建设局对某建设单位的建设项目进行消防验收备案，是对建设项目竣工消防验收是否合格的评定，属于行政确认，不适用《行政许可法》的规定。故C选项不当选。

D选项：根据《行政许可法》第3条第2款的规定，有关行政机关对其他机关或者对其直接管理的事业单位的人事、财务、外事等事项的审批，不适用本法。省公安厅对某高校教师出国护照的审批不属于有关行政机关对其他机关或者对其直接管理的事业单位的人事、财务、外事等事项的审批，因此应当适用《行政许可法》的规定。故D选项当选。

30. 考点 行政许可的设定

答案 AC

解析 A选项：根据《行政许可法》第14条的规定，本法第12条所列事项，法律可以设定行政许可。尚未制定法律的，行政法规可以设定行政许可。必要时，国务院可以采用发布决定的方式设定行政许可。实施后，除临时性行政许可事项外，国务院应当及时提请全国人民代表大会及其常务委员会制定法律，或者自行制定行政法规。根据《行政许可法》第15条第1款的规定，本法第12条所列事项，尚未制定法律、行政法规的，地方性法规可以设定行政许可；尚未制定法律、行政法规和地方性法规的，因行政管理的需要，确需立即实施行政许可的，省、自治区、直辖市人民政府规章可以设定临时性的行政许可。临时性的行政许可实施满1年需要继续实施的，应当提请本级人民代表大会及其常务委员会制定地方性法规。根据《行政许可法》第17条的规定，除本法第14、15条规定的外，其他规范性文件一律不得设定行政许可。由此可知，法律、行政法规、国务院决定、地方性法规、省级地方政府规章可以设定行政许可，某自治区首府所在地的市政府制定的规章不得设定行政许可。故A选项说法不正确，当选。

B选项：根据《行政许可法》第15条第1款的规定，本法第12条所列事项，尚未制定法律、行政法规的，地方性法规可以设定行政许可；尚未制定法律、行政法规和地方性法规的，因行政管理的需要，确需立即实施行政许可的，省、自治区、直辖市人民政府规章可以设定临时性的行政许可。临时性的行政许可实施满1年需要继续实施的，应当提请本级人民代表大会及其常务委员会制定地方性法规。由此可知，某省会所在地的市人大制定的地方性法规，可以在尚未制定法律、行政法规时设定行政许可。故B选项说法正确，不当选。

C选项：根据《行政许可法》第15条第2款的规定，地方性法规和省、自治区、直辖市人民政府规章，不得设定应当由国家统一确定的公民、法人或者其他组织的资格、资质的行政许可；不得设定企业或者其他组织的设立登记及其前置性行政许可。其设定的行政许可，不得限制其他地区的个人或者企业到本地区从事生产经营和提供服务，不得限制其他地区的商品进入本地区市场。由此可知，某自治区政府规章不得设定企业的设立登记及其前置性行政许可。故C选项说法不正确，当选。

D选项：根据《行政许可法》第21条的规定，省、自治区、直辖市人民政府对行政法规设定的有关经济事务的行政许可，根据本行政区域经济和社会发展情况，认为通过本法第13条所列方式能够解决的，报国务院批准后，可以在本行政区域内停止实施该行政许可。由此可知，某直辖市政府报国务院批准后，可在本行政区域内停止实施行政法规设定的有关经济事务的行政许可。故D选项说法正确，不当选。

31. [考点] 行政许可的程序

[答案] ABCD

[解析] A选项：根据《行政许可法》第29条第2款的规定，申请人可以委托代理人提出行政许可申请。但是，依法应当由申请人到行政机关办公场所提出行政许可申请的除外。建设工程规划许可证并非应当由申请人到行政机关办公场所提出申请的行政许可，村民宋某可以委托代理人提出行政许可申请。故A选项说法正确。

B选项：根据《行政许可法》第43条的规定，依法应当先经下级行政机关审查后报上级行政机关决定的行政许可，下级行政机关应当自其受理行政许可申请之日起20日内审查完毕。但是，法律、法规另有规定的，依照其规定。由此可知，乡政府作为下级机关，应当在受理宋某申请之日起20日内审查完毕。故B选项说法正确。

C选项：根据《行政许可法》第46条的规定，法律、法规、规章规定实施行政许可应当听证的事项，或者行政机关认为需要听证的其他涉及公共利益的重大行政许可事项，行政机关应当向社会公告，并举行听证。由此可知，行政机关应当向社会公告并举行听证的事项包括两类：①法律、法规、规章规定实施行政许可应当听证的事项；②行政机关认为需要听证的其他涉及公共利益的重大行政许可事项。乡村建设工程规划许可属于涉及公共利益的重大行政许可事项，因此，乡村建设工程规划许可作出前应当举行听证。故C选项说法正确。

D选项：根据《行政许可法》第44条的规定，行政机关作出准予行政许可的决定，应当自作出决定之日起10日内向申请人颁发、送达行政许可证件，或者加贴标签、加盖检验、检测、检疫印章。由此可知，县建设规划局作出准予建设工程规划许可的决定，应当自作出决定之日起10日内向宋某颁发、送达建设工程规划许可证。故D选项说法正确。

32. [考点] 行政许可的概念、设定和程序；行政诉讼中附带审查规范性文件

[答案] ABC

[解析] A选项：根据《行政许可法》第2条的规定，本法所称行政许可，是指行政机关根据公民、法人或者其他组织的申请，经依法审查，准予其从事特定活动的行为。本案中，车管所核发机动车检验合格标志的行为属于准予其从事特定活动——机动车上路行驶的行为。故A选项说法正确。

B选项：根据《行政许可法》第32条第2款的规定，行政机关受理或者不予受理行政许可申请，应当出具加盖本行政机关专用印章和注明日期的书面凭证。本案中，车管所不予受理唐某的许可申请，应当作出书面决定。故B选项说法正确。

C选项：根据《行政许可法》第16条第4款的规定，法规、规章对实施上位法设定的行政许可作出的具体规定，不得增设行政许可；对行政许可条件作出的具体规定，不得增设违反上位法的其他条件。本案中，《道路交通安全法》第13条第1款明确规定了

核发机动车检验合格标志的条件，《机动车登记规定》第54条第2款规定以处理完毕涉及该机动车的道路交通安全违法行为和交通事故作为许可条件，属于增设许可条件。故C选项说法正确。

D选项：根据《行政诉讼法》第53条的规定，公民、法人或者其他组织认为行政行为所依据的国务院部门和地方人民政府及其部门制定的规范性文件不合法，在对行政行为提起诉讼时，可以一并请求对该规范性文件进行审查。前述规定的规范性文件不含规章。由此可知，行政诉讼中可以一并请求对规范性文件（不含规章）进行审查。本案中，《机动车登记规定》属于部门规章，唐某不能请求法院一并审查《机动车登记规定》第54条第2款规定的合法性。故D选项说法错误。

33. 考点 行政许可的实施

答案 ABC

解析 A选项：根据《行政许可法》第26条第1款的规定，行政许可需要行政机关内设的多个机构办理的，该行政机关应当确定一个机构统一受理行政许可申请，统一送达行政许可决定。因此，为了便民，行政机关应当确定一个机构统一受理许可申请，统一送达许可决定。故A选项说法正确。

B选项：根据《行政许可法》第32条第2款的规定，行政机关受理或者不予受理行政许可申请，应当出具加盖本行政机关专用印章和注明日期的书面凭证。因此，行政机关受理行政许可申请，应当向申请人出具加盖本机关专用印章和注明日期的书面凭证。故B选项说法正确。

C选项：根据《行政许可法》第36条的规定，行政机关对行政许可申请进行审查时，发现行政许可事项直接关系他人重大利益的，应当告知该利害关系人。申请人、利害关系人有权进行陈述和申辩。行政机关应当听取申请人、利害关系人的意见。因此，为了保护行政许可利害关系人的利益，行政机关在行政许可审查过程中发现许可事项直接关系他人重大利益的，应当告知该利害关系人。故C选项说法正确。

D选项：根据《行政许可法》第44条的规定，行政机关作出准予行政许可的决定，应当自作出决定之日起10日内向申请人颁发、送达行政许可证件，或者加贴标签、加盖检验、检测、检疫印章。因此，行政机关作出准予行政许可的决定，可以颁发、送达行政许可证件，也可以加贴标签、加盖检验、检测、检疫印章，并非“应当”颁发、送达行政许可证件。故D选项说法错误。

34. 考点 行政许可的申请、受理、审查、决定

答案 BC

解析 A选项：根据《行政许可法》第34条第3款的规定，根据法定条件和程序，需要对申请材料的实质内容进行核实的，行政机关应当指派2名以上工作人员进行核查。市

卫健委对刘某提交的申请材料的受理审查属于受理阶段的形式审查，无需2名以上工作人员进行。若后续需对申请材料的实质内容进行核实，则需2名以上工作人员进行。故A选项不当选。

B选项：根据《行政许可法》第32条第2款的规定，行政机关受理或者不予受理行政许可申请，应当出具加盖本行政机关专用印章和注明日期的书面凭证。因此，市卫健委受理刘某的申请，应当向其出具加盖市卫健委专用印章和注明日期的书面凭证。故B选项当选。

C选项：根据《行政许可法》第38条第2款的规定，行政机关依法作出不予行政许可的书面决定的，应当说明理由。因此，市卫健委不予行政许可的，应当作出书面决定并说明理由。故C选项当选。

D选项：刘某设立个体诊所的行政许可申请直接关系人身健康。根据《行政许可法》第78条的规定，行政许可申请人隐瞒有关情况或者提供虚假材料申请行政许可的，行政机关不予受理或者不予行政许可，并给予警告；行政许可申请属于直接关系公共安全、人身健康、生命财产安全事项的，申请人在1年内不得再次申请该行政许可。因此，若刘某提供虚假材料申请行政许可，则其在1年内不得再次申请该行政许可，而非3年内。故D选项不当选。注意：根据《行政许可法》第79条的规定，被许可人以欺骗手段取得行政许可，取得的行政许可属于直接关系人身健康事项的，申请人在3年内不得再次申请该行政许可。

35. 考点 行政许可的延续

答案 BC

解析 A、B选项：根据《行政许可法》第50条第1款的规定，被许可人需要延续依法取得的行政许可的有效期的，应当在该行政许可有效期届满30日前向作出行政许可决定的行政机关提出申请。但是，法律、法规、规章另有规定的，依照其规定。由此可知，一般情况下，行政许可是在有效期届满30日前申请延续，但本案是排污许可申请延续，根据《排污许可管理条例》第14条第2款的规定，甲公司应当在排污许可证有效期届满60日前申请延续。故A选项错误，B选项正确。

C、D选项：根据《行政许可法》第50条第2款的规定，行政机关应当根据被许可人的申请，在该行政许可有效期届满前作出是否准予延续的决定；逾期未作决定的，视为准予延续。因此，原发证机关应在2021年12月5日前作出是否准予延续的决定；逾期未作出决定的，视为准予延续。故C选项正确，D选项错误。

36. 考点 行政许可的规定、费用、撤销与注销

答案 BD

解析 A选项：根据《行政许可法》第16条第3、4款的规定，规章可以在上位法设定的

行政许可事项范围内，对实施该行政许可作出具体规定。法规、规章对实施上位法设定的行政许可作出的具体规定，不得增设行政许可；对行政许可条件作出的具体规定，不得增设违反上位法的其他条件。《律师事务所执业证书》是上位法设定的行政许可，该省政府规章可以对实施该行政许可作出具体规定，但不得增设违反上位法的其他条件，所以，该省政府规章增设1名以上律师具有硕士以上学位的条件是违反《行政许可法》的。故A选项说法错误。

B选项：根据《行政许可法》第58条第2款的规定，行政机关提供行政许可申请书格式文本，不得收费。所以，该省司法厅提供的申请书格式文本是不得收费的。故B选项说法正确。

C选项：根据《行政许可法》第69条第2、4款的规定，被许可人以欺骗、贿赂等不正当手段取得行政许可的，应当予以撤销。依照本条第2款的规定撤销行政许可的，被许可人基于行政许可取得的利益不受保护。因此，对甲、乙、丙三人以欺骗手段取得的《律师事务所执业证书》，应当予以撤销，给甲、乙、丙三人造成利益损失是由于其提供的申请材料系伪造的，所以，该省司法厅无需赔偿甲、乙、丙三人支付的办公场所租金和装修费。故C选项说法错误。

D选项：根据《行政许可法》第70条第4项的规定，行政许可依法被撤销、撤回，或者行政许可证件依法被吊销的，行政机关应当依法办理有关行政许可的注销手续。因此，省司法厅撤销准予设立律师事务所的决定后，应当依法办理《律师事务所执业证书》的注销手续。故D选项说法正确。

37. 考点 行政处罚的概念

答案 BD

解析 根据《行政处罚法》第2条的规定，行政处罚是指行政机关依法对违反行政管理秩序的公民、法人或者其他组织，以减损权益或者增加义务的方式予以惩戒的行为。行政处罚的特点是具有制裁性，处罚的内容是对违法行为人减损权益或者增加义务。

A选项：某市住建局责令该企业停止未经许可的建造活动，是制止该企业的违法行为，没有对该企业减损权益或者增加义务，不具有惩戒性，不属于行政处罚。故A选项不当选。

B选项：某市生态环境局责令该企业停止工程建设，是针对该企业的违法行为以减损权益的方式予以惩戒，属于行政处罚。故B选项当选。

C选项：某市交通局责令该企业补种采伐的林木，要求该企业恢复原状，没有对该企业减损权益或者增加义务，不具有惩戒性，不属于行政处罚。故C选项不当选。

D选项：某市林业局责令该企业补种5倍采伐的林木株数，是针对该企业的违法行为以增加义务的方式予以惩戒，属于行政处罚。故D选项当选。

38. [考点]行政处罚的设定

[答案]CD

[解析]A选项：根据《行政处罚法》第11条第1款的规定，行政法规可以设定除限制人身自由以外的行政处罚。因此，国务院只能以行政法规的形式设定行政处罚，而不能以决定的形式设定行政处罚。故A选项说法错误。

B选项：根据《行政处罚法》第12条第1款的规定，地方性法规可以设定除限制人身自由、吊销营业执照以外的行政处罚。因此，地方性法规不得设定吊销营业执照。故B选项说法错误。

C选项：根据《行政处罚法》第14条第2款的规定，尚未制定法律、法规的，地方政府规章对违反行政管理秩序的行为，可以设定警告、通报批评或者一定数额罚款的行政处罚。罚款的限额由省、自治区、直辖市人民代表大会常务委员会规定。地方政府规章包括省级地方政府规章和市级地方政府规章。因此，必要时，市政府规章可以设定一定数额的罚款。故C选项说法正确。

D选项：根据《行政处罚法》第13条第2款的规定，尚未制定法律、行政法规的，国务院部门规章对违反行政管理秩序的行为，可以设定警告、通报批评或者一定数额罚款的行政处罚。罚款的限额由国务院规定。因此，必要时，部门规章可以设定通报批评。故D选项说法正确。

39. [考点]行政处罚管辖

[答案]ABCD

[解析]A选项：根据《行政处罚法》第22条的规定，行政处罚由违法行为发生地的行政机关管辖。法律、行政法规、部门规章另有规定的，从其规定。可知，行政处罚一般由违法行为发生地的行政机关管辖，法律、行政法规、部门规章另有规定的除外，而不是法律、法规、规章另有规定的除外。故A选项说法不正确，当选。

B选项：根据《行政处罚法》第23条的规定，行政处罚由县级以上地方人民政府具有行政处罚权的行政机关管辖。法律、行政法规另有规定的，从其规定。可知，行政处罚一般由县级以上地方人民政府具有行政处罚权的行政机关管辖，法律、行政法规另有规定的除外，而不是法律、法规、规章另有规定的除外。故B选项说法不正确，当选。

C选项：根据《行政处罚法》第24条第1款的规定，省、自治区、直辖市根据当地实际情况，可以决定将基层管理迫切需要的县级人民政府部门的行政处罚权交由能够有效承接的乡镇人民政府、街道办事处行使，并定期组织评估。决定应当公布。可知，省、自治区、直辖市可以决定将"县级人民政府部门"的行政处罚权交由乡镇人民政府、街道办事处行使，而不是将"县级人民政府"的行政处罚权交由乡镇人民政府、街道办事处行使。故C选项说法不正确，当选。

D选项：根据《行政处罚法》第25条的规定，2个以上行政机关都有管辖权的，由最先立案的行政机关管辖。对管辖发生争议的，应当协商解决，协商不成的，报请共同的上一级行政机关指定管辖；也可以直接由共同的上一级行政机关指定管辖。可知，2个以上行政机关都有管辖权的，首先是由最先立案的行政机关管辖。当发生管辖争议时，应当协商解决，协商不成的，报请共同的上一级行政机关指定管辖；也可以直接由共同的上一级行政机关指定管辖。故D选项说法不正确，当选。

40. 考点 行政处罚的决定期限、追诉时效、送达方式、首违不罚

答案 AC

解析 A选项：根据《行政处罚法》第60条的规定，行政机关应当自行政处罚案件立案之日起90日内作出行政处罚决定。法律、法规、规章另有规定的，从其规定。因此，本案中，县自然资源和规划局自2021年5月28日立案至2022年3月18日作出《行政处罚决定书》，超出90日的法定期限，其办案期限违法。故A选项说法正确。

B选项：根据《行政处罚法》第36条的规定，违法行为在2年内未被发现的，不再给予行政处罚；……前款规定的期限，从违法行为发生之日起计算；违法行为有连续或者继续状态的，从行为终了之日起计算。因此，本案中，陶某非法占地建造房屋后，其非法占地的行为一直处于继续状态，追责期限应自行为终了（如拆除或恢复原状）之日起算，而非自2019年4月建成之日起算。2021年5月28日立案时，违法行为尚未终了，未超过2年期限，仍可处罚。故B选项说法错误。

C选项：根据《行政处罚法》第61条第1款的规定，行政处罚决定书应当在宣告后当场交付当事人；当事人不在场的，行政机关应当在7日内依照《民事诉讼法》的有关规定，将行政处罚决定书送达当事人。根据《民事诉讼法》第95条第1款的规定，受送达人下落不明，或者用本节（送达）规定的其他方式无法送达的，公告送达。因此，本案中，《行政处罚决定书》应优先采用直接送达等方式，公告送达为最后手段，县自然资源和规划局直接在村公告栏公告送达的方式违法。故C选项说法正确。

D选项：根据《行政处罚法》第33条第1款的规定，初次违法且危害后果轻微并及时改正的，可以不予行政处罚。因此，本案中，陶某虽为初次违法，但其非法占地的状态持续，危害后果较重，不符合初次违法豁免的条件。故D选项说法错误。

41. 考点 一事不再罚；行政处罚的调查、送达、听证

答案 C

解析 A选项：根据《行政处罚法》第29条的规定，对当事人的同一个违法行为，不得给予2次以上罚款的行政处罚。同一个违法行为违反多个法律规范应当给予罚款处罚的，按照罚款数额高的规定处罚。本案中，由于晶山公司的行为既违反了《固体废物污染环境防治法》第102条的规定，又违反了《大气污染防治法》第99条第2项的规定，而《大气污染防治法》第99条第2项规定的罚款数额较高，因此，区生态环境局应当适用

《大气污染防治法》进行处罚。故A选项说法正确，不当选。

B选项：根据《行政处罚法》第42条第1款的规定，行政处罚应当由具有行政执法资格的执法人员实施。执法人员不得少于2人，法律另有规定的除外。因此，区生态环境局进行调查的执法人员应当具有行政执法资格且不得少于2人。故B选项说法正确，不当选。

C选项：根据《行政处罚法》第61条第2款的规定，当事人同意并签订确认书的，行政机关可以采用传真、电子邮件等方式，将行政处罚决定书等送达当事人。因此，对于罚款决定书的送达，如采用传真、电子邮件等方式，则需以当事人晶山公司同意并签订确认书为前提。本案未提及，故采用电子邮件的方式送达违法。故C选项说法不正确，当选。

D选项：根据《行政处罚法》第63条第1款的规定，行政机关拟作出下列行政处罚决定，应当告知当事人有要求听证的权利，当事人要求听证的，行政机关应当组织听证：①较大数额罚款；……因此，本案中，适用《大气污染防治法》第99条第2项的规定进行处罚的，罚款数额在10万元以上，属于较大数额罚款，区生态环境局作出罚款决定前应当告知晶山公司有要求听证的权利。故D选项说法正确，不当选。

42. [考点] 行政处罚证据

[答案] ACD

[解析] 根据《行政处罚法》第41条的规定，行政机关依照法律、行政法规规定利用电子技术监控设备收集、固定违法事实的，应当经过法制和技术审核，确保电子技术监控设备符合标准、设置合理、标志明显，设置地点应当向社会公布。电子技术监控设备记录违法事实应当真实、清晰、完整、准确。行政机关应当审核记录内容是否符合要求；未经审核或者经审核不符合要求的，不得作为行政处罚的证据。行政机关应当及时告知当事人违法事实，并采取信息化手段或者其他措施，为当事人查询、陈述和申辩提供便利。不得限制或者变相限制当事人享有的陈述权、申辩权。

A选项：行政机关利用电子技术监控设备收集证据，电子技术监控设备的设置地点应当向社会公布。故A选项说法正确。

B选项：行政机关利用电子技术监控设备收集证据，收集的证据应当进行法制审核和技术审核。故B选项说法不正确。

C选项：行政机关利用电子技术监控设备收集证据，收集的证据未经审核的，不得作为行政处罚的证据。故C选项说法正确。

D选项：行政机关利用电子技术监控设备收集证据，应当及时告知当事人违法事实，并采取信息化手段或者其他措施，方便当事人查询、陈述和申辩。故D选项说法正确。

43. [考点] 行政处罚的程序

[答案] AC

解析 A选项：根据《行政处罚法》第57条第2款的规定，对情节复杂或者重大违法行为给予行政处罚，行政机关负责人应当集体讨论决定。本案中，市应急管理局对谭某的重大违法行为罚款21万元，因此，市应急管理局负责人应当集体讨论决定。故A选项说法正确。

B选项：根据《行政处罚法》第36条第1款的规定，违法行为在2年内未被发现的，不再给予行政处罚；涉及公民生命健康安全、金融安全且有危害后果的，上述期限延长至5年。法律另有规定的除外。本案中，张某坠楼受伤后死亡，市应急管理局经调查，认定谭某对生产安全事故的发生负有责任，因此，谭某的违法行为涉及公民生命健康安全且有危害后果，应当适用5年的处罚时效。故B选项说法错误。

C选项：根据《行政处罚法》第44条的规定，行政机关在作出行政处罚决定之前，应当告知当事人拟作出的行政处罚内容及事实、理由、依据，并告知当事人依法享有的陈述、申辩、要求听证等权利。因此，市应急管理局在作出罚款决定之前，应当告知谭某拟作出罚款处罚的事实、理由、依据。故C选项说法正确。

D选项：根据《行政处罚法》第61条的规定，行政处罚决定书应当在宣告后当场交付当事人；当事人不在场的，行政机关应当在7日内依照《民事诉讼法》的有关规定，将行政处罚决定书送达当事人。当事人同意并签订确认书的，行政机关可以采用传真、电子邮件等方式，将行政处罚决定书等送达当事人。因此，市应急管理局在谭某同意并签订确认书的前提下，可以采用传真、电子邮件等方式送达罚款决定书。D选项中未明确经谭某同意并签订确认书这一前提。故D选项说法错误。

44. 考点 行政罚款的决定程序和执行程序

答案 CD

解析 A选项：根据《行政处罚法》第51条的规定，违法事实确凿并有法定依据，对公民处以200元以下、对法人或者其他组织处以3000元以下罚款或者警告的行政处罚的，可以当场作出行政处罚决定。法律另有规定的，从其规定。可知，违法事实确凿且有法定依据的，可以当场对公民处以200元以下的罚款，而不是50元以下的罚款。故A选项说法不符合《行政处罚法》的规定，不当选。注意：可以当场对公民处以50元以下的罚款是2021年1月修订前的《行政处罚法》的规定，根据2021年1月修订后的《行政处罚法》的规定，可以当场对公民处以200元以下的罚款。

B选项：根据《行政处罚法》第68条的规定，依照本法第51条的规定当场作出行政处罚决定，有下列情形之一，执法人员可以当场收缴罚款：①依法给予100元以下罚款的；……可知，执法人员可以当场收缴100元以下的罚款。故B选项说法不符合《行政处罚法》的规定，不当选。注意：执法人员可以当场收缴20元以下的罚款是2021年1月修订前的《行政处罚法》的规定，根据2021年1月修订后的《行政处罚法》的规定，执法人员可以当场收缴100元以下的罚款。

C选项：根据《行政处罚法》第70条的规定，行政机关及其执法人员当场收缴罚款的，必须向当事人出具国务院财政部门或者省、自治区、直辖市人民政府财政部门统一制发的专用票据；不出具财政部门统一制发的专用票据的，当事人有权拒绝缴纳罚款。可知，执法人员当场收缴罚款时必须向当事人出具专用票据；不出具专用票据的，当事人有权拒绝缴纳罚款。故C选项说法符合《行政处罚法》的规定，当选。

D选项：根据《行政处罚法》第72条第1款的规定，当事人逾期不履行行政处罚决定的，作出行政处罚决定的行政机关可以采取下列措施：①到期不缴纳罚款的，每日按罚款数额的3%加处罚款，加处罚款的数额不得超出罚款的数额；……可知，当事人到期不缴纳罚款的，行政机关可以每日按罚款数额的3%加处罚款，但加处罚款的数额不得超出罚款的数额。故D选项说法符合《行政处罚法》的规定，当选。

45. 考点 治安管理处罚的程序

答案 ACD

解析 A选项：根据《治安管理处罚法》第83条第1款的规定，对违反治安管理行为人，公安机关传唤后应当及时询问查证，询问查证的时间不得超过8小时；情况复杂，依照本法规定可能适用行政拘留处罚的，询问查证的时间不得超过24小时。本案中，公安机关对黄某处以治安拘留7日的处罚，因此，公安机关对其询问查证的时间不得超过24小时。故A选项说法错误，当选。

B选项：根据《治安管理处罚法》第94条第1款的规定，公安机关作出治安管理处罚决定前，应当告知违反治安管理行为人作出治安管理处罚的事实、理由及依据，并告知违反治安管理行为人依法享有的权利。因此，本案中，公安机关作出拘留决定前，应当告知黄某作出拘留处罚的事实、理由及依据。故B选项说法正确，不当选。

C选项：根据《治安管理处罚法》第98条的规定，公安机关作出吊销许可证以及处2000元以上罚款的治安管理处罚决定前，应当告知违反治安管理行为人有权要求举行听证；违反治安管理行为人要求听证的，公安机关应当及时依法举行听证。由此可知，拘留不属于法定听证范围内的治安管理处罚。本案中，公安机关作出拘留决定前，没有告知黄某有权要求举行听证的义务。故C选项说法错误，当选。

D选项：根据《治安管理处罚法》第97条的规定，公安机关应当向被处罚人宣告治安管理处罚决定书，并当场交付被处罚人；无法当场向被处罚人宣告的，应当在2日内送达被处罚人。决定给予行政拘留处罚的，应当及时通知被处罚人的家属。有被侵害人的，公安机关应当将决定书副本抄送被侵害人。本案中，黄某妻子属于黄某的家属，不属于被侵害人，公安机关应当及时通知黄某妻子，而不是将拘留决定书副本抄送黄某妻子。故D选项说法错误，当选。

46. 考点 治安管理处罚的程序和适用

答案 ABCD

解析 A选项：根据《治安管理处罚法》第82条第1款的规定，需要传唤违反治安管理行为人接受调查的，经公安机关办案部门负责人批准，使用传唤证传唤。对现场发现的违反治安管理行为人，人民警察经出示工作证件，可以口头传唤，但应当在询问笔录中注明。由此可知，传唤违反治安管理行为人应当使用传唤证，只有对现场发现的违反治安管理行为人才可以口头传唤。本案中，陈某不属于现场发现的违反治安管理行为人。故A选项说法错误，当选。

B选项：根据《治安管理处罚法》第99条第1款的规定，公安机关办理治安案件的期限，自受理之日起不得超过30日；案情重大、复杂的，经上一级公安机关批准，可以延长30日。由此可知，一般情况下，公安机关应当自受理之日起30日内作出处罚决定；案情重大、复杂的，60日内作出处罚决定。故B选项说法错误，当选。

C选项：根据《治安管理处罚法》第97条第1款的规定，公安机关应当向被处罚人宣告治安管理处罚决定书，并当场交付被处罚人；无法当场向被处罚人宣告的，应当在2日内送达被处罚人。由此可知，公安机关无法当场向陈某宣告处罚决定书的，应当在2日内送达陈某。故C选项说法错误，当选。

D选项：根据《治安管理处罚法》第22条第1款的规定，违反治安管理行为在6个月内没有被公安机关发现的，不再处罚。由此可知，陈某的违法行为在3个月内没有被公安机关发现，但在6个月内被发现的，陈某仍然会受到处罚。故D选项说法错误，当选。

47. 考点 治安管理处罚的程序

答案 ABC

解析 A选项：根据《治安管理处罚法》第9条的规定，对于因民间纠纷引起的打架斗殴或者损毁他人财物等违反治安管理行为，情节较轻的，公安机关可以调解处理。经公安机关调解，当事人达成协议的，不予处罚。本案属于因民间纠纷引起的打架斗殴行为，在派出所的调解下，吴某与林某达成协议的，派出所对吴某不予处罚。故A选项说法正确。

B选项：根据《治安管理处罚法》第97条第2款的规定，有被侵害人的，公安机关应当将决定书副本抄送被侵害人。本案中，林某作为被侵害人，派出所对侵害人吴某作出罚款200元的行政处罚决定的，应当将《行政处罚决定书》副本抄送被侵害人林某。故B选项说法正确。

C选项：根据《治安管理处罚法》第100条的规定，违反治安管理行为事实清楚，证据确凿，处警告或者200元以下罚款的，可以当场作出治安管理处罚决定。因此，派出所可以当场作出罚款200元的《行政处罚决定书》。故C选项说法正确。

D选项：根据《治安管理处罚法》第104条的规定，受到罚款处罚的人应当自收到处罚决定书之日起15日内，到指定的银行缴纳罚款。但是，有下列情形之一的，人民警察可以当场收缴罚款：①被处50元以下罚款，被处罚人对罚款无异议的；②在边远、水上、交通不便地区，公安机关及其人民警察依照本法的规定作出罚款决定后，被处罚人向指定的银行缴纳罚款确有困难，经被处罚人提出的；③被处罚人在当地没有固定住所，不当场收缴事后难以执行的。本案中，派出所作出的是200元的罚款决定，不符合当场收缴罚款的情形，因此，派出所不能当场收缴罚款。故D选项说法错误。

48. [考点] 行政强制措施和行政处罚的概念

[答案] BC

[解析] A、B选项：根据《行政强制法》第2条第2款的规定，行政强制措施，是指行政机关在行政管理过程中，为制止违法行为、防止证据损毁、避免危害发生、控制危险扩大等情形，依法对公民的人身自由实施暂时性限制，或者对公民、法人或者其他组织的财物实施暂时性控制的行为。因此，行政强制措施是对人身自由或者财产的暂时性限制或控制。《责令停止违法行为通知书》是为了制止违法行为而采取的暂时性控制行为，属于行政强制措施。故A选项说法错误，B选项说法正确。

C选项：根据《行政处罚法》第2条的规定，行政处罚是指行政机关依法对违反行政管理秩序的公民、法人或者其他组织，以减损权益或者增加义务的方式予以惩戒的行为。《拆除通知书》旨在制裁公司的违法行为，并予以纠正，具有惩戒性，属于行政处罚。故C选项说法正确。

D选项：根据《行政强制法》第35条的规定，行政机关作出强制执行决定前，应当事先催告当事人履行义务。《限期拆除通知书》为行政强制执行中的催告行为，目的在于督促当事人自动履行义务，不属于行政强制措施。故D选项说法错误。

49. [考点] 行政处罚、行政许可、行政强制的设定权限

[答案] A

[解析] A选项："限制从业"属于行政处罚。根据《行政处罚法》第12条第1款的规定，地方性法规可以设定除限制人身自由、吊销营业执照以外的行政处罚。可知，地方性法规可以设定除限制人身自由、吊销营业执照以外的行政处罚，即可以设定限制从业。故A选项说法正确。

B选项："冻结存款"属于行政强制措施。根据《行政强制法》第9条的规定，行政强制措施的种类：①限制公民人身自由；②查封场所、设施或者财物；③扣押财物；④冻结存款、汇款；⑤其他行政强制措施。根据《行政强制法》第10条第1~3款的规定，行政强制措施由法律设定。尚未制定法律，且属于国务院行政管理职权事项的，行政法规可以设定除本法第9条第1、4项和应当由法律规定的行政强制措施以外的其他行政强制措施。尚未制定法律、行政法规，且属于地方性事务的，地方性法规可以设定本法第9条第2、3项的行政强制措施。可知，冻结存款的设定属于法律绝对保留事项，地

方性法规可以设定查封和扣押，但无权设定冻结存款。故 B 选项说法错误。

C 选项："组织设立登记" 属于行政许可。根据《行政许可法》第 15 条第 2 款的规定，地方性法规和省、自治区、直辖市人民政府规章，不得设定应当由国家统一确定的公民、法人或者其他组织的资格、资质的行政许可；不得设定企业或者其他组织的设立登记及其前置性行政许可。可知，地方性法规无权设定组织设立登记。故 C 选项说法错误。

D 选项："滞纳金" 属于行政强制执行。根据《行政强制法》第 13 条第 1 款的规定，行政强制执行由法律设定。可知，滞纳金只能由法律设定，地方性法规无权设定滞纳金。故 D 选项说法错误。

50. 考点 行政强制措施的概念和程序

答案 BC

解析 A 选项：根据《行政强制法》第 2 条第 2、3 款的规定，行政强制措施，是指行政机关在行政管理过程中，为制止违法行为、防止证据损毁、避免危害发生、控制危险扩大等情形，依法对公民的人身自由实施暂时性限制，或者对公民、法人或者其他组织的财物实施暂时性控制的行为。行政强制执行，是指行政机关或者行政机关申请人民法院，对不履行行政决定的公民、法人或者其他组织，依法强制履行义务的行为。本案中，责令该公司停止排污行为是为制止违法排污行为，而非对已存在义务的强制履行，故不属于行政强制执行。故 A 选项错误。

B、C 选项：根据《行政强制法》第 18 条的规定，行政机关实施行政强制措施应当遵守下列规定：①实施前须向行政机关负责人报告并经批准；②由 2 名以上行政执法人员实施；……因此，生态环境局进行现场检查的执法人员不得少于 2 人。故 B 选项正确。责令该公司停止排污行为前须经生态环境局负责人批准。故 C 选项正确。

D 选项：《行政强制法》没有把行政强制措施纳入听证程序的适用范围。本案中，生态环境局责令该公司停止排污行为作为行政强制措施，该公司并不享有听证的权利，生态环境局没有告知其有权申请听证的义务。故 D 选项错误。

51. 考点 扣押程序

答案 ABC

解析 A 选项：根据《行政强制法》第 18 条的规定，行政机关实施行政强制措施应当遵守下列规定：……⑤当场告知当事人采取行政强制措施的理由、依据以及当事人依法享有的权利、救济途径；……又根据《行政强制法》第 24 条第 1、2 款的规定，行政机关决定实施查封、扣押的，应当履行本法第 18 条规定的程序，制作并当场交付查封、扣押决定书和清单。查封、扣押决定书应当载明下列事项：……②查封、扣押的理由、依据和期限；……因此，扣押应当当场告知扣押的理由和依据。故 A 选项说法正确。

B选项：根据《行政强制法》第18条的规定，行政机关实施行政强制措施应当遵守下列规定：……⑦制作现场笔录；……因此，实施扣押时应当制作现场笔录。故B选项说法正确。

C选项：根据《行政强制法》第18条的规定，行政机关实施行政强制措施应当遵守下列规定：……⑥听取当事人的陈述和申辩；……因此，区市场监管局扣押物品时应当听取肖某的陈述和申辩。故C选项说法正确。

D选项：根据《行政强制法》第17条第1款的规定，行政强制措施由法律、法规规定的行政机关在法定职权范围内实施。行政强制措施权不得委托。因此，区市场监管局不能委托街道办事处实施扣押。故D选项说法错误。

52. 考点 扣押程序

答案 D

解析 A选项：根据《行政强制法》第18条的规定，行政机关实施行政强制措施应当遵守下列规定：……③出示执法身份证件；……因此，市场监管局执法人员现场检查时应出示执法身份证件。故A选项说法正确，不当选。

B选项：根据《行政强制法》第18条的规定，行政机关实施行政强制措施应当遵守下列规定：……④通知当事人到场；……因此，市场监管局扣押瓷砖应通知该装饰工程有限责任公司相关人员到场。故B选项说法正确，不当选。

C选项：根据《行政强制法》第24条第3款的规定，查封、扣押清单一式二份，由当事人和行政机关分别保存。因此，扣押涉案瓷砖清单一式二份，由该装饰工程有限责任公司和市场监管局分别保存。故C选项说法正确，不当选。

D选项：根据《行政强制法》第26条第3款的规定，因查封、扣押发生的保管费用由行政机关承担。因此，扣押瓷砖期间产生的保管费用，应由市场监管局承担。故D选项说法错误，当选。

53. 考点 行政强制执行主体

答案 ABD

解析 A、D选项：根据《行政处罚法》第72条第1款的规定，当事人逾期不履行行政处罚决定的，作出行政处罚决定的行政机关可以采取下列措施：①到期不缴纳罚款的，每日按罚款数额的3%加处罚款，加处罚款的数额不得超出罚款的数额；②根据法律规定，将查封、扣押的财物拍卖、依法处理或者将冻结的存款、汇款划拨抵缴罚款；③根据法律规定，采取其他行政强制执行方式；④依照《行政强制法》的规定申请人民法院强制执行。由此可知，市场监督管理局可以每日按罚款数额的3%加处罚款。故A选项当选。市场监督管理局可以申请法院强制执行。故D选项当选。

B选项：根据《行政强制法》第46条第3款的规定，没有行政强制执行权的行政机关应当申请人民法院强制执行。但是，当事人在法定期限内不申请行政复议或者提起行政诉讼，经催告仍不履行的，在实施行政管理过程中已经采取查封、扣押措施的行政机关，可以将查封、扣押的财物依法拍卖抵缴罚款。该县市场监督管理局对该企业的违法行为进行执法检查时已经依法扣押了该企业的货物，故可以将扣押的货物依法拍卖以抵缴罚款。故B选项当选。

C选项：法律规定的行政机关有权划拨冻结的存款以抵缴罚款，但法律没有规定市场监督管理局有划拨执行权。故C选项不当选。

54. 考点 代履行

答案 BD

解析 A选项：根据《行政强制法》第50条的规定，行政机关依法作出要求当事人履行排除妨碍、恢复原状等义务的行政决定，当事人逾期不履行，经催告仍不履行，其后果已经或者将危害交通安全、造成环境污染或者破坏自然资源的，行政机关可以代履行，或者委托没有利害关系的第三人代履行。因此，县国土资源局可以委托没有利害关系的第三人代履行，也可以自己代履行。故A选项说法错误。

B、C选项：根据《行政强制法》第51条第1款的规定，代履行应当遵守下列规定：①代履行前送达决定书，代履行决定书应当载明当事人的姓名或者名称、地址，代履行的理由和依据、方式和时间、标的、费用预算以及代履行人；②代履行3日前，催告当事人履行，当事人履行的，停止代履行；③代履行时，作出决定的行政机关应当派员到场监督；④代履行完毕，行政机关到场监督的工作人员、代履行人和当事人或者见证人应当在执行文书上签名或者盖章。根据《行政强制法》第52条的规定，需要立即清除道路、河道、航道或者公共场所的遗洒物、障碍物或者污染物，当事人不能清除的，行政机关可以决定立即实施代履行；当事人不在场的，行政机关应当在事后立即通知当事人，并依法作出处理。因此，本案不属于需要立即清除的情形，县国土资源局应当在代履行前向该采石场送达决定书，而不是在实施代履行后通知该采石场。故B选项说法正确，C选项说法错误。

D选项：根据《行政强制法》第51条第2款的规定，代履行的费用按照成本合理确定，由当事人承担。但是，法律另有规定的除外。因此，本案中，代履行的费用由该采石场承担，法律另有规定的除外。故D选项说法正确。

55. 考点 行政强制执行的实施

答案 AD

解析 A选项：根据《行政强制法》第45条第2款的规定，加处罚款或者滞纳金的数额不得超出金钱给付义务的数额。由此可知，市生态环境局加处的滞纳金数额不得超出排污费12万元。故A选项说法正确。

B 选项：根据《行政强制法》第 39 条的规定，当事人履行行政决定确有困难或者暂无履行能力的，中止执行。中止执行的情形消失后，行政机关应当恢复执行。对没有明显社会危害，当事人确无能力履行，中止执行满 3 年未恢复执行的，行政机关不再执行。由此可知，该企业履行行政决定确有困难的，市生态环境局应“中止”执行，而不是“终结”执行。故 B 选项说法错误。

C 选项：根据《行政强制法》第 42 条第 1 款的规定，实施行政强制执行，行政机关可以在不损害公共利益和他人合法权益的情况下，与当事人达成执行协议。执行协议可以约定分阶段履行；当事人采取补救措施的，可以减免加处的罚款或者滞纳金。由此可知，在行政强制执行中，市生态环境局可以与该企业达成执行协议。故 C 选项说法错误。

D 选项：根据《行政强制法》第 54 条的规定，行政机关申请人民法院强制执行前，应当催告当事人履行义务。催告书送达 10 日后当事人仍未履行义务的，行政机关可以向所在地有管辖权的人民法院申请强制执行；执行对象是不动产的，向不动产所在地有管辖权的人民法院申请强制执行。由此可知，市生态环境局在申请人民法院强制执行前，应当催告该企业履行义务。故 D 选项说法正确。

56. 考点 行政机关申请法院强制执行程序

答案 CD

解析 A 选项：根据《行政处罚法》第 2 条的规定，行政处罚是指行政机关依法对违反行政管理秩序的公民、法人或者其他组织，以减损权益或者增加义务的方式予以惩戒的行为。本案中，《责令交回土地决定书》是在土地征收中实施的行政行为，不以惩戒为目的，不属于行政处罚。故 A 选项说法错误。

B 选项：根据《最高人民法院关于适用〈中华人民共和国行政诉讼法〉的解释》（以下简称《行诉解释》）第 156 条的规定，没有强制执行权的行政机关申请人民法院强制执行其行政行为，应当自被执行人的法定起诉期限届满之日起 3 个月内提出。逾期申请的，除有正当理由外，人民法院不予受理。因此，县国土资源局申请执行的期限为该养猪专业合作社的“法定起诉期限”届满之日起 3 个月，而非该养猪专业合作社的“履行期限”届满之日起 3 个月。故 B 选项说法错误。

C 选项：根据《行政强制法》第 55 条第 1 款第 2 项的规定，行政机关向人民法院申请强制执行，应当提供行政决定书及作出决定的事实、理由和依据。因此，县国土资源局应当向法院提供作出《责令交回土地决定书》的事实、理由和依据。故 C 选项说法正确。

D 选项：根据《行政强制法》第 60 条第 1 款的规定，行政机关申请人民法院强制执行，不缴纳申请费。强制执行的费用由被执行人承担。因此，强制执行的费用由该养猪专业合作社承担。故 D 选项说法正确。

57. 考点 政府信息公开的范围

答案 C

解析 A、B、C、D选项：根据《政府信息公开条例》第15条的规定，涉及商业秘密、个人隐私等公开会对第三方合法权益造成损害的政府信息，行政机关不得公开。但是，第三方同意公开或者行政机关认为不公开会对公共利益造成重大影响的，予以公开。由于刑满释放人员黄某离开武汉进入北京的细节涉及疫情防控的重大公共利益，不公开会对公共利益造成重大影响，因此对涉及黄某的个人隐私的信息予以公开。故C选项正确，A、B、D选项错误。

58. 考点 政府信息依申请公开的程序

答案 ABCD

解析 A选项：根据《政府信息公开条例》第33条第1、2款的规定，行政机关收到政府信息公开申请，能够当场答复的，应当当场予以答复。行政机关不能当场答复的，应当自收到申请之日起20个工作日内予以答复；需要延长答复期限的，应当经政府信息公开工作机构负责人同意并告知申请人，延长的期限最长不得超过20个工作日。因此，区政府收到刘某的申请，能够当场答复的，应当当场予以答复；不能当场答复的，应当自收到申请之日起20个工作日内予以答复。故A选项说法错误，当选。

B选项：公民申请获取政府信息是公民行使知情权，无须与申请的政府信息存在利害关系。《政府信息公开条例》没有要求申请人与申请公开的政府信息具有利害关系。故B选项说法错误，当选。

C选项：根据《政府信息公开条例》第32条的规定，依申请公开的政府信息公开会损害第三方合法权益的，行政机关应当书面征求第三方的意见。第三方应当自收到征求意见书之日起15个工作日内提出意见。第三方逾期未提出意见的，由行政机关依照本条例的规定决定是否公开。第三方不同意公开且有合理理由的，行政机关不予公开。行政机关认为不公开可能对公共利益造成重大影响的，可以决定予以公开，并将决定公开的政府信息内容和理由书面告知第三方。因此，行政机关应当征求第三方的意见，第三方不同意公开且有合理理由的，行政机关不予公开。故C选项说法错误，当选。

D选项：根据《政府信息公开条例》第36条第3项的规定，对政府信息公开申请，行政机关依据本条例的规定决定不予公开的，告知申请人不予公开并说明理由。因此，区政府拒绝公开的，应当说明理由。故D选项说法错误，当选。

59. 考点 政府信息依申请公开的程序

答案 AC

解析 根据《政府信息公开条例》第32条的规定，依申请公开的政府信息公开会损害第三方合法权益的，行政机关应当书面征求第三方的意见。第三方应当自收到征求意见书之日起15个工作日内提出意见。第三方逾期未提出意见的，由行政机关依照本条例的规定决定是否公开。第三方不同意公开且有合理理由的，行政机关不予公开。行政机关认为不公开可能对公共利益造成重大影响的，可以决定予以公开，并将决定公开的政府信息内容和理由书面告知第三方。

A选项：申请公开的政府信息涉及该企业的商业秘密，县生态环境局应当书面征求该企业的意见，而不得以口头方式征求该企业的意见。故A选项说法不正确，当选。

B选项：该企业应当自收到征求意见书之日起15个工作日内提出意见。故B选项说法正确，不当选。

C选项：该企业不同意公开且有合理理由的，县生态环境局不予公开，但是县生态环境局认为不公开可能对公共利益造成重大影响的，可以决定予以公开。C选项说法过于绝对，故不正确，当选。

D选项：若县生态环境局决定予以公开，不仅应当将决定公开的政府信息内容书面告知该企业，还应当将决定公开的理由书面告知该企业。故D选项说法正确，不当选。

60. 考点 政府信息依申请公开的申请、答复与费用

答案 ABD

解析 A选项：根据《政府信息公开条例》第29条第2款第1项的规定，申请人的身份证明属于政府信息公开申请的内容。因此，该环保联合会申请公开信息时应当提供该环保联合会的身份证明材料，而不是其负责人的身份证明材料。故A选项说法不正确，当选。

B选项：根据《政府信息公开条例》第29条第2款的规定，政府信息公开申请应当包括下列内容：①申请人的姓名或者名称、身份证明、联系方式；②申请公开的政府信息的名称、文号或者便于行政机关查询的其他特征性描述；③申请公开的政府信息的形式要求，包括获取信息的方式、途径。由此可知，申请公开信息的理由不属于政府信息公开申请的内容。因此，县生态环境局无权要求该环保联合会说明申请公开信息的理由。故B选项说法不正确，当选。

C选项：根据《政府信息公开条例》第30条的规定，政府信息公开申请内容不明确的，行政机关应当给予指导和释明，并自收到申请之日起7个工作日内一次性告知申请人作出补正，说明需要补正的事项和合理的补正期限。由此可知，县生态环境局认为该环保联合会申请公开的内容不明确的，应当给予指导和释明，并自收到申请之日起7个工作日内一次性告知该环保联合会作出补正，而不是以申请公开的内容不明确为由拒绝公开。因此，县生态环境局拒绝公开的行为不合法。故C选项说法正确，不当选。

D选项：根据《政府信息公开条例》第42条第1款的规定，行政机关依申请提供政府信息，不收取费用。但是，申请人申请公开政府信息的数量、频次明显超过合理范围的，行政机关可以收取信息处理费。由题干可知，该环保联合会申请公开政府信息未超

过合理范围，县生态环境局不可收取信息处理费。故D选项说法不正确，当选。

61. 考点 频繁申请公开政府信息的处理

答案 AC

解析 2024年12月至2025年1月，陆某分别向市政府及其职能部门提起94次政府信息公开申请，属于“申请人申请公开政府信息的数量、频次明显超过合理范围”的情形。

A、B选项：根据《政府信息公开条例》第35条的规定，申请人申请公开政府信息的数量、频次明显超过合理范围，行政机关可以要求申请人说明理由。行政机关认为申请理由不合理的，告知申请人不予处理；行政机关认为申请理由合理，但是无法在本条例第33条规定的期限内答复申请人的，可以确定延迟答复的合理期限并告知申请人。由此可知，市发改委可以要求陆某说明理由。故A选项当选。行政机关认为申请理由不合理的，告知申请人不予处理。故B选项中“市发改委可以直接告知陆某不予处理”的做法错误，不当选。

C选项：根据《政府信息公开条例》第42条第1款的规定，行政机关依申请提供政府信息，不收取费用。但是，申请人申请公开政府信息的数量、频次明显超过合理范围的，行政机关可以收取信息处理费。由此可知，市发改委向陆某提供信息的，可以收取信息处理费。故C选项当选。

D选项：《政府信息公开条例》和《治安管理处罚法》没有规定对申请人申请公开政府信息的数量、频次明显超过合理范围予以处罚，根据“法无授权不可为”，公安机关无权对陆某予以治安管理处罚。故D选项不当选。

62. 考点 政府信息更正的申请和处理；行政复议管辖

答案 A

解析 根据《政府信息公开条例》第41条的规定，公民、法人或者其他组织有证据证明行政机关提供的与其自身相关的政府信息记录不准确的，可以要求行政机关更正。有权更正的行政机关审核属实的，应当予以更正并告知申请人；不属于本行政机关职能范围的，行政机关可以转送有权更正的行政机关处理并告知申请人，或者告知申请人向有权更正的行政机关提出。

A选项：周某经法院诉讼调解离婚，需提供法院制作的离婚调解书等证据，证明其婚姻状态已变更为“离婚”。因此，周某申请更正婚姻登记信息的，应当提供证据证明其婚姻登记信息不准确。故A选项说法正确。

B选项：该区民政局对周某的婚姻登记信息予以更正并告知周某的前提是，该区民政局有权更正并审核属实。本案中，周某未向该区民政局提供离婚调解书等证明婚姻状态已变更的证据，该区民政局难以审核属实。故B选项说法错误。

C、D选项：若不属于该区民政局职能范围，该区民政局应转送有权更正的行政机关或者告知申请人向有权更正的行政机关提出，而不是不予处理或者不予更正。故C、D选项说法错误。

63. [考点]政府信息公开的机关、范围与程序

[答案]ABCD

[解析]A选项：根据《政府信息公开条例》第10条第3款的规定，2个以上行政机关共同制作的政府信息，由牵头制作的行政机关负责公开。由此可知，2个以上行政机关共同制作的政府信息，由“牵头制作”的行政机关负责公开，而不是由“共同制作”的行政机关负责公开。故A选项说法不符合《政府信息公开条例》的规定，当选。

B选项：根据《政府信息公开条例》第16条的规定，行政机关的内部事务信息，包括人事管理、后勤管理、内部工作流程等方面的信息，可以不予公开。行政机关在履行行政管理职能过程中形成的讨论记录、过程稿、磋商信函、请示报告等过程性信息以及行政执法案卷信息，可以不予公开。法律、法规、规章规定上述信息应当公开的，从其规定。由此可知，行政执法案卷信息是“可以不予公开”，而不是“不得公开”。故B选项说法不符合《政府信息公开条例》的规定，当选。

C选项：根据《政府信息公开条例》第36条的规定，对政府信息公开申请，行政机关根据下列情况分别作出答复：……⑤所申请公开信息不属于本行政机关负责公开的，告知申请人并说明理由；能够确定负责公开该政府信息的行政机关的，告知申请人该行政机关的名称、联系方式。……由此可知，申请人所申请公开信息不属于本行政机关负责公开的，告知申请人并说明理由（能够确定负责公开该政府信息的行政机关的，告知申请人该行政机关的名称、联系方式），而不是“不予处理”。故C选项说法不符合《政府信息公开条例》的规定，当选。

D选项：根据《政府信息公开条例》第40条的规定，行政机关依申请公开政府信息，应当根据申请人的要求及行政机关保存政府信息的实际情况，确定提供政府信息的具体形式；按照申请人要求的形式提供政府信息，可能危及政府信息载体安全或者公开成本过高的，可以通过电子数据以及其他适当形式提供，或者安排申请人查阅、抄录相关政府信息。由此可知，行政机关依申请公开政府信息是根据申请人的要求及行政机关保存政府信息的实际情况来确定提供政府信息的具体形式。故D选项说法不符合《政府信息公开条例》的规定，当选。

64. [考点]行政复议范围

[答案]ABC

[解析]A选项：根据《行政复议法》第11条的规定，有下列情形之一的，公民、法人或者其他组织可以依照本法申请行政复议：……⑤对行政机关作出的征收征用决定及其补偿决定不服；……因此，张某认为县政府征收其房屋给予的补偿金额太低的，可以申请

行政复议。故A选项当选。

B选项：根据《行政复议法》第11条的规定，有下列情形之一的，公民、法人或者其他组织可以依照本法申请行政复议：……⑥对行政机关作出的赔偿决定或者不予赔偿决定不服；……因此，李某对县政府拒绝赔偿拆除其房屋的损失，可以申请行政复议。故B选项当选。

C选项：根据《行政复议法》第11条的规定，有下列情形之一的，公民、法人或者其他组织可以依照本法申请行政复议：……⑬认为行政机关不依法订立、不依法履行、未按照约定履行或者违法变更、解除政府特许经营协议、土地房屋征收补偿协议等行政协议；……因此，王某认为县政府未按约定履行与其签订的房屋征收补偿协议的，可以申请行政复议。故C选项当选。

D选项：根据《行政复议法》第12条的规定，下列事项不属于行政复议范围：……②行政法规、规章或者行政机关制定、发布的具有普遍约束力的决定、命令等规范性文件；……县政府发布的关于全县征地补偿安置标准的文件属于行政机关制定、发布的具有普遍约束力的决定、命令等规范性文件，不属于行政复议范围。故D选项不当选。

65. 考点 行政复议被申请人与行政复议机关

答案 AD

解析 A、B选项：根据《治安管理处罚法》第91条的规定，治安管理处罚由县级以上人民政府公安机关决定；其中警告、500元以下的罚款可以由公安派出所决定。因此，区公安分局派出所经法律授权对黄某罚款500元，黄某不服，申请行政复议，被申请人应为区公安分局派出所。故A选项正确，B选项错误。

C、D选项：根据《行政复议法》第24条第4款的规定，对县级以上地方各级人民政府工作部门依法设立的派出机构依照法律、法规、规章规定，以派出机构的名义作出的行政行为不服的行政复议案件，由本级人民政府管辖；其中，对直辖市、设区的市人民政府工作部门按照行政区划设立的派出机构作出的行政行为不服的，也可以由其所在地的人民政府管辖。因此，区公安分局是区政府的工作部门，派出所是区公安分局的派出机构，黄某对派出所作出的罚款决定不服，应当向区政府申请行政复议。故C选项错误，D选项正确。

66. 考点 行政复议的管辖

答案 ACD

解析 A选项：根据《行政复议法》第24条第1款第1项的规定，对县级以上地方各级人民政府工作部门作出的行政行为不服的，由本级人民政府管辖。可知，对某省公安厅作出的行政处罚决定不服的，当事人应当向该省政府申请复议，但不能向公安部申请复议。故A选项说法错误，当选。

B选项：根据《行政复议法》第28条的规定，对履行行政复议机构职责的地方人民政府司法行政部门的行政行为不服的，可以向本级人民政府申请行政复议，也可以向上一级司法行政部门申请行政复议。可知，对某省司法厅作出的行政处罚决定不服的，当事人既可以向该省政府申请复议，也可以向司法部申请复议。故B选项说法正确，不当选。

C、D选项：根据《行政复议法》第27条的规定，对实行垂直领导的税务和国家安全机关的行政行为不服的，向上一级主管部门申请行政复议。可知，对某省税务局作出的行政处罚决定不服的，当事人应当向国家税务总局申请复议，但不能向该省政府申请复议；对某省国家安全厅作出的行政处罚决定不服的，当事人应当向国家安全部申请复议，但不能向该省政府申请复议。故C、D选项说法错误，当选。

67. 考点 行政复议的申请期限

答案 CD

解析 A、B、C选项：根据《行政复议法》第20条第1款的规定，公民、法人或者其他组织认为行政行为侵犯其合法权益的，可以自知道或者应当知道该行政行为之日起60日内提出行政复议申请；但是法律规定的申请期限超过60日的除外。因此，本案中，郭某申请行政复议的期限为60日。故A选项说法错误。2023年10月5日，郭某想出售该房产，发现该房产已不在其名下，即2023年10月5日为郭某知道行政行为之日，因此，本案的复议申请期限从2023年10月5日起算。故B选项说法错误，C选项说法正确。

D选项：根据《行政复议法》第30条第1、2款的规定，行政复议机关收到行政复议申请后，应当在5日内进行审查。对符合下列规定的，行政复议机关应当予以受理：……④在法定申请期限内提出；……对不符合前款规定的行政复议申请，行政复议机关应当在审查期限内决定不予受理并说明理由。本案中，郭某应当自2023年10月5日起60日内申请行政复议，其在2024年1月5日申请行政复议不符合“在法定申请期限内提出”，因此，行政复议机关不予受理案件。故D选项说法正确。

68. 考点 行政复议的申请、受理、审理

答案 ABCD

解析 A选项：根据《行政复议法》第32条第1款的规定，对当场作出的行政处罚决定不服申请行政复议的，可以通过作出行政处罚决定的行政机关提交行政复议申请。因此，对该派出所当场作出的200元罚款决定不服的，李某可以通过该派出所提交行政复议申请。故A选项说法正确。

B选项：根据《行政复议法》第31条第1款的规定，行政复议申请材料不齐全或者表述不清楚，无法判断行政复议申请是否符合本法第30条第1款规定的，行政复议机关应当自收到申请之日起5日内书面通知申请人补正。补正通知应当一次性载明需要补正

的事项。因此，行政复议申请材料不齐全的，县政府应当自收到行政复议申请之日起5日内一次性书面通知李某需要补正的事项。故B选项说法正确。

C选项：根据《行政复议法》第30条第3款的规定，行政复议申请的审查期限届满，县政府未作出不予受理决定的，审查期限届满之日起视为受理。故C选项说法正确。

D选项：根据《行政复议法》第53条第1款第1项的规定，被申请行政复议的行政行为是当场作出的，可以适用简易程序。因此，该派出所对李某当场处以200元罚款，县政府可以适用简易程序。故D选项说法正确。

69. 考点 行政复议的受理

答案 C

解析 A选项：根据《行政复议法实施条例》第8条的规定，同一行政复议案件申请人超过5人的，推选1~5名代表参加行政复议。因此，50户村民作为同一行政复议案件申请人，推选1~5名代表参加行政复议。故A选项说法错误。

B选项：根据《行政复议法》第30条第3款的规定，行政复议申请的审查期限届满，行政复议机关未作出不予受理决定的，审查期限届满之日起视为受理。因此，在收到50户村民的行政复议申请后的5日审查期限届满，甲市政府未作出不予受理决定的，审查期限届满之日起视为受理，而不是收到行政复议申请之日起即为受理。故B选项说法错误。

C选项：根据《行政复议法》第30条第2款的规定，对不符合前款规定的行政复议申请，行政复议机关应当在审查期限内决定不予受理并说明理由；不属于本机关管辖的，还应当在不予受理决定中告知申请人有管辖权的行政复议机关。因此，50户村民未在法定申请期限内提出行政复议申请的，甲市政府应当在收到行政复议申请后的5日内决定不予受理并说明理由。故C选项说法正确。

D选项：根据《行政复议法》第33条的规定，行政复议机关受理行政复议申请后，发现该行政复议申请不符合本法第30条第1款规定的，应当决定驳回申请并说明理由。因此，甲市政府受理行政复议申请后，发现50户村民未在法定申请期限内提出行政复议申请的，应当决定驳回申请并说明理由，而不是决定驳回复议请求。故D选项说法错误。

70. 考点 行政复议的审理

答案 ABCD

解析 A选项：根据《行政复议法》第37条第1款的规定，行政复议机关依照法律、法规、规章审理行政复议案件。由此可知，该市政府依照规章审理行政复议案件，而非参照规章审理行政复议案件。故A选项说法不正确，当选。

B选项：根据《行政复议法》第50条第2款的规定，行政复议机构认为有必要听证，或者申请人请求听证的，行政复议机构可以组织听证。由此可知，申请人美誉公司提出要求时，可以采取听证的方式审理，而非被申请人该市市场监督管理局提出采取听证方式审理的要求。故B选项说法不正确，当选。

C选项：根据《行政复议法》第49条的规定，适用普通程序审理的行政复议案件，行政复议机构应当当面或者通过互联网、电话等方式听取当事人的意见，并将听取的意见记录在案。因当事人原因不能听取意见的，可以书面审理。由此可知，本案作为适用普通程序审理的行政复议案件，该市政府应当听取当事人的意见，只有因当事人原因不能听取意见的，才可以书面审理。故C选项说法不正确，当选。

D选项：根据《行政复议法》第61条第3款的规定，提请行政复议委员会提出咨询意见的行政复议案件，行政复议机关应当将咨询意见作为作出行政复议决定的重要参考依据。由此可知，行政复议委员会提出的咨询意见是作出行政复议决定的重要参考依据。故D选项说法不正确，当选。

71. 考点 行政复议的审理

答案 B

解析 A选项：根据《行政复议法》第51条第1款的规定，行政复议机构组织听证的，应当于举行听证的5日前将听证的时间、地点和拟听证事项书面通知当事人。可知，县政府应当于举行听证的5日前通知该公司，而非7日前。故A选项说法错误。注意：行政许可和行政处罚的听证程序要求，行政机关应当于举行听证的7日前通知。

B选项：本案属于适用普通程序审理的行政复议案件。根据《行政复议法》第51条第3款的规定，被申请人的负责人应当参加听证。可知，本案中，县市场监管局作为行政复议被申请人，其负责人应当参加听证。故B选项说法正确。

C选项：根据《行政复议法》第61条第2、3款的规定，经过听证的行政复议案件，行政复议机关应当根据听证笔录、审查认定的事实和证据，依照本法作出行政复议决定。提请行政复议委员会提出咨询意见的行政复议案件，行政复议机关应当将咨询意见作为作出行政复议决定的重要参考依据。可知，听证笔录是作出行政复议决定的“依据”，而非“重要参考依据”。行政复议委员会提出的咨询意见是作出行政复议决定的重要参考依据。故C选项说法错误。

D选项：根据《行政复议法》第68条的规定，行政行为认定事实清楚，证据确凿，适用依据正确，程序合法，内容适当的，行政复议机关决定维持该行政行为。可知，本案中，县政府审理后认为15万元罚款合法、适当的，应当作出维持的行政复议决定，而非驳回请求的行政复议决定。故D选项说法错误。

72. 考点 行政复议程序

答案 B

解析 A、B、C、D选项：根据《行政复议法》第41条的规定，行政复议期间有下列情形之一的，行政复议机关决定终止行政复议：……④申请人对行政拘留或者限制人身自由的行政强制措施不服申请行政复议后，因同一违法行为涉嫌犯罪，被采取刑事强制措施；……本案中，陈某针对行政拘留申请行政复议，后行政拘留变更为刑事拘留，行政复议终止。故B选项当选，A、C、D选项不当选。

73. 考点 行政复议机构与行政复议证据

答案 ABD

解析 A选项：根据《行政复议法》第4条第1、2款的规定，县级以上各级人民政府以及其他依照本法履行行政复议职责的行政机关是行政复议机关。行政复议机关办理行政复议事项的机构是行政复议机构。行政复议机构同时组织办理行政复议机关的行政应诉事项。由此可知，县政府作为行政复议机关，行政复议机构可以是县政府负责法制工作的机构——县司法局。故A选项说法错误，当选。

B选项：根据《行政复议法》第48条的规定，行政复议机构应当自行政复议申请受理之日起7日内，将行政复议申请书副本或者行政复议申请笔录复印件发送被申请人。被申请人应当自收到行政复议申请书副本或者行政复议申请笔录复印件之日起10日内，提出书面答复，并提交作出行政行为的证据、依据和其他有关材料。根据《行政复议法》第54条第1款的规定，适用简易程序审理的行政复议案件，行政复议机构应当自受理行政复议申请之日起3日内，将行政复议申请书副本或者行政复议申请笔录复印件发送被申请人。被申请人应当自收到行政复议申请书副本或者行政复议申请笔录复印件之日起5日内，提出书面答复，并提交作出行政行为的证据、依据和其他有关材料。由此可知，只有适用简易程序审理的行政复议案件，被申请人才应当自收到行政复议申请书副本之日起5日内提交作出行政行为的证据，而本案是适用普通程序审理的行政复议案件，被申请人县公安局应当自收到行政复议申请书副本之日起10日内提交作出行政拘留和罚款的证据。故B选项说法错误，当选。

C选项：根据《行政复议法》第46条第1款的规定，行政复议期间，被申请人不得自行向申请人和其他有关单位或者个人收集证据；自行收集的证据不作为认定行政行为合法性、适当性的依据。由此可知，行政复议期间，被申请人县公安局不得自行向申请人王某收集证据。故C选项说法正确，不当选。

D选项：根据《行政复议法》第46条第2款的规定，行政复议期间，申请人或者第三人提出被申请行政复议的行政行为作出时没有提出的理由或者证据的，经行政复议机构同意，被申请人可以补充证据。由此可知，行政复议期间，申请人王某或者第三人提出被申请行政复议的行政行为作出时没有提出的理由或者证据的，经行政复议机构同意，被申请人县公安局可以补充证据。故D选项说法错误，当选。

74. 考点 行政复议附带审查

答案 ABCD

解析 A选项：根据《行政复议法》第56条的规定，申请人依照本法第13条的规定提出对有关规范性文件的附带审查申请，行政复议机关有权处理的，应当在30日内依法处理；无权处理的，应当在7日内转送有权处理的行政机关依法处理。由此可知，甲可以在对暂扣营业执照和罚款的处罚申请行政复议的同时，提出对市市场监督管理局的规定一并审查的申请。市政府对市市场监督管理局的规定有权处理的，应当在30日内依法处理。故A选项说法正确。

B选项：根据《行政复议法》第58条第1款的规定，行政复议机关依照本法第56、57条的规定有权处理有关规范性文件或者依据的，行政复议机构应当自行政复议中止之日起3日内，书面通知规范性文件或者依据的制定机关就相关条款的合法性提出书面答复。制定机关应当自收到书面通知之日起10日内提交书面答复及相关材料。由此可知，市政府应当书面通知市市场监督管理局就其规定的合法性提出书面答复。故B选项说法正确。

C选项：根据《行政复议法》第57条的规定，行政复议机关在对被申请人作出的行政行为进行审查时，认为其依据不合法，本机关有权处理的，应当在30日内依法处理；无权处理的，应当在7日内转送有权处理的国家机关依法处理。由此可知，市政府无权处理省政府规章，应当在7日内将省政府规章按程序转送有权机关处理。故C选项说法正确。

D选项：根据《行政复议法》第59条的规定，行政复议机关依照本法第56、57条的规定有权处理有关规范性文件或者依据，认为相关条款合法的，在行政复议决定书中一并告知；认为相关条款超越权限或者违反上位法的，决定停止该条款的执行，并责令制定机关予以纠正。由此可知，市政府认为市市场监督管理局的规定不合法的，应当决定停止该规定的执行，并责令市市场监督管理局予以纠正。故D选项说法正确。

75. 考点 行政复议的申请、受理与决定

答案 AD

解析 A选项：根据《行政复议法》第32条第1款的规定，对当场作出或者依据电子技术监控设备记录的违法事实作出的行政处罚决定不服申请行政复议的，可以通过作出行政处罚决定的行政机关提交行政复议申请。本案中，被申请行政复议的行政行为是当场作出的行政处罚决定，何某可以通过作出行政处罚决定的行政机关——该交通警察大队提交行政复议申请。故A选项说法正确。

B选项：根据《行政复议法》第53条的规定，行政复议机关审理下列行政复议案件，认为事实清楚、权利义务关系明确、争议不大的，可以适用简易程序：①被申请行政复议的行政行为是当场作出；②被申请行政复议的行政行为是警告或者通报批评；③案

件涉及款额3000元以下；④属于政府信息公开案件。除前款规定以外的行政复议案件，当事人各方同意适用简易程序的，可以适用简易程序。本案中，被申请行政复议的行政行为是当场作出的行政处罚决定，可以适用简易程序。此外，当事人各方同意适用简易程序的，也可以适用简易程序。因此，“本案不得适用简易程序审理”的说法不正确。故B选项说法错误。

C选项：根据《行政复议法》第23条第1款的规定，有下列情形之一的，申请人应当先向行政复议机关申请行政复议，对行政复议决定不服的，可以再依法向人民法院提起行政诉讼：①对当场作出的行政处罚决定不服；……本案中，被申请行政复议的行政行为是当场作出的行政处罚决定，因此，何某不能直接对处罚决定提起行政诉讼。何某应当先申请行政复议；对行政复议决定不服的，可以再提起行政诉讼。故C选项说法错误。

D选项：根据《行政复议法》第63条第1款的规定，行政行为有下列情形之一的，行政复议机关决定变更该行政行为：……②事实清楚，证据确凿，程序合法，但是未正确适用依据；……因此，处罚决定事实清楚，证据确凿，程序合法，但是未正确适用依据的，复议机关可以作出变更决定。故D选项说法正确。

76. [考点] 行政复议的调解；行政复议决定的执行；复议前置

[答案] BC

[解析] A选项：根据《行政复议法》第5条第1款的规定，行政复议机关办理行政复议案件，可以进行调解。本案属于行政复议案件，县政府作为行政复议机关，可以进行调解。故A选项说法错误。

B、C选项：根据《行政复议法》第77条第2款的规定，被申请人不履行行政复议调解书的，行政复议机关或者有关上级行政机关应当责令其限期履行，并可以约谈被申请人的有关负责人或者予以通报批评。本案中，县生态环境局不履行行政复议调解书，该环保联合会可以请求县政府责令县生态环境局公开信息，县政府可以约谈县生态环境局的有关责任人或者予以通报批评。故B、C选项说法正确。

D选项：根据《行政复议法》第23条第1款第4项的规定，申请政府信息公开，行政机关不予公开的，申请人应当先向行政复议机关申请行政复议，对行政复议决定不服的，可以再依法向人民法院提起行政诉讼。因此，对行政机关不公开政府信息行为不服的案件属于复议前置案件。本案中，若该环保联合会没有申请行政复议，不能直接提起行政诉讼。故D选项说法错误。

77. [考点] 行政诉讼受案范围

[答案] ACD

[解析] A选项：根据《行诉解释》第1条第2款的规定，下列行为不属于人民法院行政诉

讼的受案范围：……⑤行政机关作出的不产生外部法律效力的行为；……因此，市城市管理执法局对执法人员的暴力执法不履行监督职责的行为，属于不产生外部法律效力的行为，不属于行政诉讼受案范围。故A选项当选。

B选项：根据《行诉解释》第1条第2款的规定，下列行为不属于人民法院行政诉讼的受案范围：……⑦行政机关根据人民法院的生效裁判、协助执行通知书作出的执行行为，但行政机关扩大执行范围或者采取违法方式实施的除外；……因此，市土地登记机构执行法院生效判决时，扩大判决确定的土地范围进行登记的行为属于行政诉讼受案范围。故B选项不当选。

C选项：根据《行诉解释》第1条第2款的规定，下列行为不属于人民法院行政诉讼的受案范围：……⑨行政机关针对信访事项作出的登记、受理、交办、转送、复查、复核意见等行为；……因此，市信访局向市公安局转送信访事项的行为不属于行政诉讼受案范围。故C选项当选。

D选项：根据《最高人民法院关于审理政府信息公开行政案件适用法律若干问题的解释》第10条第2款的规定，有下列情形之一的，人民法院裁定不予立案；已经立案的，裁定驳回起诉：……⑥要求行政机关为其制作、加工、分析政府信息，行政机关未予提供的；……因此，王某要求市统计局对若干政府信息进行分析，市统计局予以拒绝的行为不属于行政诉讼受案范围。故D选项当选。

78. [考点] 行政诉讼受案范围

[答案] ACD

[解析] A选项：根据《行诉解释》第1条第2款的规定，下列行为不属于人民法院行政诉讼的受案范围：……②调解行为以及法律规定的仲裁行为；……劳动争议仲裁裁决属于法律规定的仲裁行为。因此，李某不服劳动争议仲裁裁决，向法院起诉的，应当属于民事诉讼受案范围，而不属于行政诉讼受案范围。故A选项当选。

B选项：根据《行政诉讼法》第12条第1款的规定，人民法院受理公民、法人或者其他组织提起的下列诉讼：……⑤对征收、征用决定及其补偿决定不服的；……因此，房屋征收补偿决定属于行政诉讼受案范围。故B选项不当选。

C选项：根据《出境入境管理法》第81条第2款的规定，外国人违反本法规定，情节严重，尚不构成犯罪的，公安部可以处驱逐出境。公安部的处罚决定为最终决定。因此，公安部对外国人作出的驱逐出境决定为最终决定，对驱逐出境决定不能提起行政诉讼，其不属于行政诉讼受案范围。故C选项当选。

D选项：根据《行政诉讼法》第13条的规定，人民法院不受理公民、法人或者其他组织对下列事项提起的诉讼：……②行政法规、规章或者行政机关制定、发布的具有普遍约束力的决定、命令；……由此可知，“行政法规、规章或者行政机关制定、发布的具有普遍约束力的决定、命令”是抽象行政行为，是被排除在行政诉讼受案范围之外的。

因此，市政府发布的征收土地补偿费标准的行为属于抽象行政行为，不属于行政诉讼受案范围。故D选项当选。

79. 考点 行政诉讼受案范围

答案 AC

解析 A、C选项：根据《最高人民法院关于审理行政协议案件若干问题的规定》（以下简称《行政协议案件规定》）第2条的规定，公民、法人或者其他组织就下列行政协议提起行政诉讼的，人民法院应当依法受理：①政府特许经营协议；②土地、房屋等征收征用补偿协议；③矿业权等国有自然资源使用权出让协议；④政府投资的保障性住房的租赁、买卖等协议；⑤符合本规定第1条规定的政府与社会资本合作协议；⑥其他行政协议。根据《行政协议案件规定》第4条第1款的规定，因行政协议的订立、履行、变更、终止等发生纠纷，公民、法人或者其他组织作为原告，以行政机关为被告提起行政诉讼的，人民法院应当依法受理。因此，该燃气公司因市政府解除与其签订的政府特许经营协议而提起的诉讼、该矿业公司因认为县政府与其签订的煤矿使用权出让协议无效而提起的诉讼，都属于行政诉讼受案范围。故A、C选项当选。

B选项：根据《行政协议案件规定》第24条第1款的规定，公民、法人或者其他组织未按照行政协议约定履行义务，经催告后不履行，行政机关可以作出要求其履行协议的书面决定。公民、法人或者其他组织收到书面决定后在法定期限内未申请行政复议或者提起行政诉讼，且仍不履行，协议内容具有可执行性的，行政机关可以向人民法院申请强制执行。因此，县政府就张某不履行与其签订的房屋征收补偿协议，可以向法院申请强制执行，而不是提起行政诉讼。故B选项不当选。

D选项：根据《行政协议案件规定》第3条的规定，因行政机关订立的下列协议提起诉讼的，不属于人民法院行政诉讼的受案范围：①行政机关之间因公务协助等事由而订立的协议；②行政机关与其工作人员订立的劳动人事协议。因此，甲、乙两地政府签订的公务协助协议不属于行政诉讼受案范围。故D选项不当选。

80. 考点 行政诉讼的管辖

答案 C

解析 根据《行政诉讼法》第14条的规定，基层人民法院管辖第一审行政案件。根据《行政诉讼法》第15条的规定，中级人民法院管辖下列第一审行政案件：①对国务院部门或者县级以上地方人民政府所作的行政行为提起诉讼的案件；②海关处理的案件；③本辖区内重大、复杂的案件；④其他法律规定由中级人民法院管辖的案件。根据《行政诉讼法》第18条第1款的规定，行政案件由最初作出行政行为的行政机关所在地人民法院管辖。经复议的案件，也可以由复议机关所在地人民法院管辖。

A选项：被告是该省公安厅，其不属于县级以上地方人民政府，因此由被告——该省公安厅所在地的基层法院管辖。故A选项说法错误。

B选项：被告是该县政府，由被告——该县政府所在地的中级法院管辖。故B选项说法错误。

C选项：被告是司法部，其属于国务院部门，因此由被告——司法部所在地的中级法院管辖。故C选项说法正确。

D选项：本案是经过复议的案件，最初作出行政行为的行政机关——该县税务局所在地法院和复议机关——市税务局所在地法院都具有管辖权，因此，“应由市税务局所在地的基层法院管辖”的说法错误。故D选项说法错误。

81. 考点 行政诉讼的管辖

答案 BC

解析 D选项：根据《行诉解释》第22条第3款的规定，复议机关确认原行政行为违法，属于改变原行政行为，但复议机关以违反法定程序为由确认原行政行为违法的除外。因此，省政府以程序违法为由作出确认省药监局吊销《药品生产许可证》的行为违法的复议决定，属于复议机关维持原行政行为。根据《行政诉讼法》第26条第2款的规定，经复议的案件，复议机关决定维持原行政行为的，作出原行政行为的行政机关和复议机关是共同被告；复议机关改变原行政行为的，复议机关是被告。因此，省药监局和省政府为共同被告。根据《行诉解释》第134条第3款的规定，复议机关作共同被告的案件，以作出原行政行为的行政机关确定案件的级别管辖。因此，本案应以省药监局确定案件的级别管辖。根据《行政诉讼法》第14条的规定，基层人民法院管辖第一审行政案件。因此，本案由基层法院管辖。故D选项说法错误。

A、B、C选项：根据《行政诉讼法》第18条第1款的规定，行政案件由最初作出行政行为的行政机关所在地人民法院管辖。经复议的案件，也可以由复议机关所在地人民法院管辖。本案是经复议的案件，最初作出行政行为的省药监局所在地法院——甲市B区法院有管辖权，复议机关所在地法院——甲市C区法院也有管辖权。故A选项说法错误，B、C选项说法正确。

82. 考点 行政诉讼的管辖

答案 ABC

解析 A选项：根据《行政诉讼法》第19条的规定，对限制人身自由的行政强制措施不服提起的诉讼，由被告所在地或者原告所在地人民法院管辖。本案是对限制人身自由的行政强制措施不服提起的诉讼，原告所在地法院——该市A区法院具有管辖权。故A选项当选。

B、C选项：根据《行政诉讼法》第18条第1款的规定，行政案件由最初作出行政行为的行政机关所在地人民法院管辖。经复议的案件，也可以由复议机关所在地人民法院管辖。本案是经复议的案件，最初作出行政行为的行政机关所在地法院——该市B区法院具有管辖权，复议机关所在地法院——该市C区法院也具有管辖权。故B、C选项当选。

D选项：根据《行政诉讼法》第14条的规定，基层人民法院管辖第一审行政案件。本案中不涉及中级法院管辖的情形，都是由基层法院管辖。故D选项不当选。

83. 考点 行政诉讼受案范围、管辖和行政复议机关

答案 BD

解析 A选项：根据《行诉解释》第1条第2款第1项的规定，公安、国家安全等机关依照《刑事诉讼法》的明确授权实施的行为，不属于人民法院行政诉讼的受案范围。本案中，乙地海关对张某的扣留不属于《刑事诉讼法》明确授权实施的行为，应视为乙地海关的行政行为，属于行政诉讼受案范围。故A选项错误。

B选项：根据《行政诉讼法》第15条的规定，中级人民法院管辖下列第一审行政案件：……②海关处理的案件；……因此，本案应由中级法院管辖。根据《行政诉讼法》第19条的规定，对限制人身自由的行政强制措施不服提起的诉讼，由被告所在地或者原告所在地人民法院管辖。乙地海关的扣留行为属于限制人身自由的行政强制措施，而根据题目，张某所在地为甲市，因此，张某可以向甲市中级法院提起行政诉讼。故B选项正确。

C、D选项：根据《行政复议法》第27条的规定，对海关、金融、外汇管理等实行垂直领导的行政机关、税务和国家安全机关的行政行为不服的，向上一级主管部门申请行政复议。因此，张某应当向乙地海关的上一级海关申请行政复议，而不能向乙地海关所在地的市人民政府申请行政复议。故C选项错误，D选项正确。

84. 考点 行政诉讼原告、被告、第三人、诉讼代理人

答案 ABC

解析 A选项：根据《行政诉讼法》第25条第1款的规定，行政行为的相对人以及其他与行政行为有利害关系的公民、法人或者其他组织，有权提起诉讼。根据《行诉解释》第12条第5项的规定，为维护自身合法权益向行政机关投诉，具有处理投诉职责的行政机关作出或者未作出处理的，属于《行政诉讼法》第25条第1款规定的"与行政行为有利害关系"。因此，齐某为维护自身合法权益向该省交通运输厅道路运输局投诉，该省交通运输厅道路运输局具有处理投诉的职责，其在收到申请后未作出答复，齐某有权提起诉讼，其具有原告资格。故A选项说法正确。

B选项：根据《行政诉讼法》第29条第1款的规定，公民、法人或者其他组织同被诉行政行为有利害关系但没有提起诉讼，或者同案件处理结果有利害关系的，可以作为第三人申请参加诉讼，或者由人民法院通知参加诉讼。因此，齐某申请该省交通运输厅

道路运输局对该客运公司侵占其运营路线予以查处，并吊销该客运公司的道路运输经营许可证，该客运公司与被诉行政行为有利害关系但没有提起诉讼，可以作为第三人。故B选项说法正确。

C选项：根据《行诉解释》第31条的规定，当事人委托诉讼代理人，应当向人民法院提交由委托人签名或者盖章的授权委托书。因此，齐某委托诉讼代理人的，应当向法院提交由委托人签名或者盖章的授权委托书。故C选项说法正确。

D选项：根据《行诉解释》第128条第2款的规定，行政机关负责人出庭应诉的，可以另行委托1~2名诉讼代理人。行政机关负责人不能出庭的，应当委托行政机关相应的工作人员出庭，不得仅委托律师出庭。因此，该省交通运输厅道路运输局负责人不能出庭的，应当委托该局相应的工作人员出庭，不得仅委托律师出庭。故D选项说法不正确。

85. 考点 行政诉讼被告

答案 D

解析 A、B、C、D选项：根据《行诉解释》第133条的规定，《行政诉讼法》第26条第2款规定的"复议机关决定维持原行政行为"，包括复议机关驳回复议申请或者复议请求的情形，但以复议申请不符合受理条件为由驳回的除外。由此可知，该市政府以复议申请不符合受理条件为由，作出驳回伍某的行政复议申请的决定，不是复议维持决定，而属于复议不作为。根据《行政诉讼法》第26条第3款的规定，复议机关在法定期限内未作出复议决定，公民、法人或者其他组织起诉原行政行为的，作出原行政行为的行政机关是被告；起诉复议机关不作为的，复议机关是被告。由此可知，伍某起诉该市城管局下达的《通知》的，被告为该市城管局；伍某起诉该市政府作出的《复议决定》的，被告为该市政府。因此，本案被告为该市城管局或该市政府。故A、B、C选项说法错误，D选项说法正确。

86. 考点 行政诉讼被告

答案 B

解析 A、B、C、D选项：根据《行诉解释》第22条第3款的规定，复议机关确认原行政行为违法，属于改变原行政行为，但复议机关以违反法定程序为由确认原行政行为违法的除外。由此可知，该市政府以适用法律错误为由确认《通知》违法的，属于复议改变。根据《行政诉讼法》第26条第2款的规定，经复议的案件，复议机关决定维持原行政行为的，作出原行政行为的行政机关和复议机关是共同被告；复议机关改变原行政行为的，复议机关是被告。因此，该市政府为被告。故B选项说法正确，A、C、D选项说法错误。

87. 考点 行政诉讼的管辖；原告资格

答案 D

解析 A选项：根据《行政处罚法》第22条的规定，行政处罚由违法行为发生地的行政机关管辖。法律、行政法规、部门规章另有规定的，从其规定。本案中，违法行为发生在B市甲区，应由违法行为发生地的行政机关——B市甲区公安分局管辖，B市乙区公安分局无权对李某进行行政处罚。故A选项说法错误。

B选项：根据《行政复议法》第24条第1款的规定，县级以上地方各级人民政府管辖下列行政复议案件：①对本级人民政府工作部门作出的行政行为不服的；……因此，B市甲区公安分局作为被申请人，李某只能向B市甲区人民政府申请行政复议，而不能向B市公安局申请行政复议。故B选项说法错误。

C选项：根据《行政诉讼法》第19条的规定，对限制人身自由的行政强制措施不服提起的诉讼，由被告所在地或者原告所在地人民法院管辖。根据《行诉解释》第8条的规定，《行政诉讼法》第19条规定的"原告所在地"，包括原告的户籍所在地、经常居住地和被限制人身自由地。对行政机关基于同一事实，既采取限制公民人身自由的行政强制措施，又采取其他行政强制措施或者行政处罚不服的，由被告所在地或者原告所在地的人民法院管辖。本案中，B市甲区公安分局对李某进行强制戒毒，涉及限制人身自由的行政强制措施，因此，李某既可以向原告所在地法院——A市法院提起行政诉讼，也可以向被告所在地法院——B市甲区法院提起行政诉讼。故C选项说法错误。

D选项：根据《行政诉讼法》第25条第1款的规定，行政行为的相对人以及其他与行政行为有利害关系的公民、法人或者其他组织，有权提起诉讼。根据《行诉解释》第12条第3项的规定，要求行政机关依法追究加害人法律责任的，属于《行政诉讼法》第25条第1款规定的"与行政行为有利害关系"。本案中，范某被李某打伤，范某认为对李某罚款300元的处罚过轻，要求行政机关依法追究李某法律责任的，属于"与行政行为有利害关系"，范某具有原告资格，可以向B市甲区法院提起行政诉讼。故D选项说法正确。

88. 考点 行政复议机关；经复议案件的被告与管辖法院

答案 ABCD

解析 A选项：根据《行政复议法》第25条的规定，国务院部门管辖下列行政复议案件：①对本部门作出的行政行为不服的；……因此，国家市场监管总局作为国务院部门，该公司对其吊销营业执照的行为不服的，复议机关仍为国家市场监管总局。故A选项说法正确。

B选项：根据《行政诉讼法》第26条第2款的规定，经复议的案件，复议机关决定维持原行政行为的，作出原行政行为的行政机关和复议机关是共同被告；复议机关改变原行政行为的，复议机关是被告。本案属于复议维持案件，作出原行政行为的行政机关和复议机关都是国家市场监管总局，因此，国家市场监管总局为被告。故B选项说法正确。

C选项：根据《行政诉讼法》第15条的规定，中级人民法院管辖下列第一审行政案件：①对国务院部门或者县级以上地方人民政府所作的行政行为提起诉讼的案件；……本案中，作为被告的国家市场监管总局是国务院部门，因此，本案由中级法院管辖。故C选项说法正确。

D选项：根据《行政诉讼法》第18条第1款的规定，行政案件由最初作出行政行为的行政机关所在地人民法院管辖。经复议的案件，也可以由复议机关所在地人民法院管辖。本案属于复议维持案件，由于作出原行政行为的行政机关和复议机关都是国家市场监管总局，因此，本案由国家市场监管总局所在地法院管辖。故D选项说法正确。

89. 考点 行政诉讼第三人

答案 C

解析 A、B、C选项：根据《行诉解释》第12条第1项的规定，被诉的行政行为涉及其相邻权或者公平竞争权的，属于《行政诉讼法》第25条第1款规定的“与行政行为有利害关系”。本案中，甲取得的建房许可证阻碍了乙、丙两家的正常通行，涉及相邻权，丙与该行政行为有利害关系。根据《行政诉讼法》第29条第1款的规定，公民、法人或者其他组织同被诉行政行为有利害关系但没有提起诉讼，或者同案件处理结果有利害关系的，可以作为第三人申请参加诉讼，或者由人民法院通知参加诉讼。根据《行诉解释》第30条第1款的规定，行政机关的同一行政行为涉及2个以上利害关系人，其中一部分利害关系人对行政行为不服提起诉讼，人民法院应当通知没有起诉的其他利害关系人作为第三人参加诉讼。由此可知，丙作为利害关系人，没有在法定期限内起诉的，由法院通知其参加诉讼。故A选项中“不能参加诉讼”的说法错误，B选项中“作为共同原告参加诉讼”的说法错误，C选项说法正确。

D选项：根据《行政诉讼法》第29条第2款的规定，人民法院判决第三人承担义务或者减损第三人权益的，第三人有权依法提起上诉。因此，丙作为第三人参加诉讼，法院一审判决其承担义务或者减损其权益的，丙有权提起上诉。故D选项说法错误。

90. 考点 行政处罚的概念和程序；行政诉讼第三人

答案 C

解析 A选项：根据《行政处罚法》第9条第3项的规定，暂扣杨某从业资格证10日属于行政处罚中的资格罚，而非行政强制措施。故A选项说法错误。

B选项：根据《行政处罚法》第51条的规定，对法人或者其他组织处以3000元以下罚款的行政处罚的，可以适用简易程序。本案中，该出租车公司作为法人，对其处以罚款3000元符合简易程序的适用条件，可以适用简易程序。故B选项说法错误。

C、D选项：根据《行政诉讼法》第29条第1款的规定，公民同被诉行政行为有利害关系但没有提起诉讼，或者同案件处理结果有利害关系的，可以作为第三人申请参加诉讼，或者由人民法院通知参加诉讼。根据《行诉解释》第12条的规定，有下列情形之一的，属于《行政诉讼法》第25条第1款规定的"与行政行为有利害关系"：……⑤为维护自身合法权益向行政机关投诉，具有处理投诉职责的行政机关作出或者未作出处理的；……本案中，牛某为维护自身合法权益向该市交通运输局投诉，同被诉行政行为——对杨某的处罚行为有利害关系，作为第三人，法院应当通知其参加诉讼；但该出租车公司同被诉行政行为——对杨某的处罚行为没有利害关系，不能参加诉讼。故C选项说法正确，D选项说法错误。

91. 【考点】行政复议与行政诉讼的程序关系

【答案】D

【解析】A选项：根据《税收征收管理法》第88条第1、2款的规定，纳税人、扣缴义务人、纳税担保人同税务机关在纳税上发生争议时，必须先依照税务机关的纳税决定缴纳或者解缴税款及滞纳金或者提供相应的担保，然后可以依法申请行政复议；对行政复议决定不服的，可以依法向人民法院起诉。当事人对税务机关的处罚决定、强制执行措施或者税收保全措施不服的，可以依法申请行政复议，也可以依法向人民法院起诉。高某对税务机关进行税务处罚和采取税务强制措施的行为不服的，可以申请行政复议，也可以提起行政诉讼。故A选项不当选。

B、C、D选项：根据《行政复议法》第23条第1款的规定，有下列情形之一的，申请人应当先向行政复议机关申请行政复议，对行政复议决定不服的，可以再依法向人民法院提起行政诉讼：①对当场作出的行政处罚决定不服；②对行政机关作出的侵犯其已经依法取得的自然资源的所有权或者使用权的决定不服；③认为行政机关存在本法第11条规定的未履行法定职责情形；④申请政府信息公开，行政机关不予公开；⑤法律、行政法规规定应当先向行政复议机关申请行政复议的其他情形。

B选项中，生态环境局当场责令该企业停止排污行为属于当场采取的行政强制措施，而不属于"当场作出的行政处罚决定"的情形，该企业可以申请行政复议，也可以提起行政诉讼。故B选项不当选。C选项中，"市场监督管理局对罗某申请药品经营许可证作出不予许可决定"不属于行政机关未履行法定职责的情形，罗某可以申请行政复议，也可以提起行政诉讼。故C选项不当选。D选项中，"规划局对刘某申请信息公开作出不予公开决定"属于"申请政府信息公开，行政机关不予公开"的情形，刘某不服的，应当先申请行政复议；对行政复议决定不服的，可以再提起行政诉讼。故D选项当选。

92. 【考点】行政诉讼起诉期限

【答案】C

【解析】根据《行诉解释》第65条的规定，公民、法人或者其他组织不知道行政机关作出的行政行为内容的，其起诉期限从知道或者应当知道该行政行为内容之日起计算，但最长不得超过《行政诉讼法》第46条第2款规定的起诉期限。根据《行政诉讼法》第46条的规定，公民、法人或者其他组织直接向人民法院提起诉讼的，应当自知道或者应当知道作出行政行为之日起6个月内提出。法律另有规定的除外。因不动产提起诉讼的案件自行政行为作出之日起超过20年，其他案件自行政行为作出之日起超过5年提起诉讼的，人民法院不予受理。

A、C选项：本案中，该市房管局向严某核发房屋所有权证时，郭某不知道该市房管局作出的行政行为的内容，则郭某的起诉期限从知道或者应当知道该行政行为内容之日起计算。2023年10月5日，郭某知道行政行为的内容，因此，郭某应当自2023年10月5日起6个月内提起行政诉讼。故A选项不当选，C选项当选。

B、D选项：本案涉及不动产案件，所以郭某的起诉期限不能超出自2019年4月20日起20年。故B、D选项不当选。

93. 考点 行政诉讼登记立案

答案 ABD

解析 A、B、C选项：根据《行政诉讼法》第51条第2~4款的规定，对当场不能判定是否符合本法规定的起诉条件的，应当接收起诉状，出具注明收到日期的书面凭证，并在7日内决定是否立案。起诉状内容欠缺或者有其他错误的，应当给予指导和释明，并一次性告知当事人需要补正的内容。不得未经指导和释明即以起诉不符合条件为由不接收起诉状。对于不接收起诉状、接收起诉状后不出具书面凭证，以及不一次性告知当事人需要补正的起诉状内容的，当事人可以向上级人民法院投诉，上级人民法院应当责令改正，并对直接负责的主管人员和其他直接责任人员依法给予处分。由此可知：

A选项中，由于法院对于林某的起诉当场不能判定是否符合起诉条件，因此，法院应当接收林某的起诉状，并出具注明收到日期的书面凭证。故A选项说法正确。B选项中，若林某的起诉状内容有欠缺，法院应给予指导和释明，并一次性告知需要补正的内容。故B选项说法正确。C选项中，若法院不接收林某的起诉状、不出具书面凭证，林某可以向上级法院投诉，上级法院应当责令改正，并对直接负责的主管人员和其他直接责任人员依法给予处分，但林某不可以向上一级法院上诉。故C选项说法错误。

D选项：根据《行政诉讼法》第52条的规定，人民法院既不立案，又不作出不予立案裁定的，当事人可以向上一级人民法院起诉。上一级人民法院认为符合起诉条件的，应当立案、审理，也可以指定其他下级人民法院立案、审理。由此可知，若法院既不立案，又不作出不予立案的裁定，林某可以向上一级法院起诉。故D选项说法正确。

94. 考点 行政诉讼原告、起诉期限、登记立案和举证责任

答案 AC

解 析 A选项：根据《行诉解释》第66条的规定，公民、法人或者其他组织依照《行政诉讼法》第47条第1款的规定，对行政机关不履行法定职责提起诉讼的，应当在行政机关履行法定职责期限届满之日起6个月内提出。因此，针对区市场监管局的不答复，李某应当自区市场监管局收到《举报书》2个月期限届满之日起6个月内提起诉讼。故A选项说法正确。

B选项：根据《行诉解释》第12条的规定，有下列情形之一的，属于《行政诉讼法》第25条第1款规定的"与行政行为有利害关系"：……⑤为维护自身合法权益向行政机关投诉，具有处理投诉职责的行政机关作出或者未作出处理的；……本案中，李某提交的《举报书》实际上是为维护自身合法权益向区市场监管局投诉，其与区市场监管局的不答复有利害关系，因此，李某具有原告资格。故B选项说法错误。

C选项：根据《行政诉讼法》第25条第1款的规定，行政行为的相对人以及其他与行政行为有利害关系的公民、法人或者其他组织，有权提起诉讼。根据《行政诉讼法》第49条的规定，提起诉讼应当符合下列条件：①原告是符合本法第25条规定的公民、法人或者其他组织；……根据《最高人民法院关于行政诉讼证据若干问题的规定》（以下简称《行诉证据规定》）第4条第1款的规定，公民、法人或者其他组织向人民法院起诉时，应当提供其符合起诉条件的相应的证据材料。根据《行诉解释》第54条第1款的规定，依照《行政诉讼法》第49条的规定，公民、法人或者其他组织提起诉讼时应当提交以下起诉材料：……③原告与被诉行政行为具有利害关系的材料；……因此，李某作为原告，应当提供其符合起诉条件的相应的证据材料——与被诉行政行为具有利害关系的材料。故C选项说法正确。

D选项：根据《行政诉讼法》第51条第2款的规定，对当场不能判定是否符合本法规定的起诉条件的，应当接收起诉状，出具注明收到日期的书面凭证，并在7日内决定是否立案。不符合起诉条件的，作出不予立案的裁定。因此，法院当场不能判定李某是否具有原告资格的，应当在7日内决定是否立案，而不是先予立案。故D选项说法错误。

95. 考 点 申请公开政府信息的答复；行政诉讼中被告改变行政行为；行政诉讼的调解程序和简易程序

答 案 AB

解 析 A选项：根据《政府信息公开条例》第36条的规定，对政府信息公开申请，行政机关根据下列情况分别作出答复：①所申请公开信息已经主动公开的，告知申请人获取该政府信息的方式、途径；……本案中，该社会团体的登记资料属于已公开的信息，因此，民政部应当告知该公司获取该政府信息的方式、途径，而不是不予处理。故A选项说法正确。

B选项：根据《最高人民法院关于行政诉讼撤诉若干问题的规定》第4条的规定，有下列情形之一的，可以视为"被告改变其所作的具体行政行为"：①根据原告的请求依法履行法定职责；……本案中，该公司对民政部不作为提起行政诉讼，行政诉讼期间，民政部作出《政府信息告知书》属于履行法定职责，视为行政诉讼中被告改变被诉行政行为。故B选项说法正确。

C选项：根据《行政诉讼法》第82条第1款的规定，人民法院审理下列第一审行政案件，认为事实清楚、权利义务关系明确、争议不大的，可以适用简易程序：……③属于政府信息公开案件的。本案属于政府信息公开案件，可以适用简易程序。故C选项说法错误。

D选项：根据《行政诉讼法》第60条第1款的规定，人民法院审理行政案件，不适用调解。但是，行政赔偿、补偿以及行政机关行使法律、法规规定的自由裁量权的案件可以调解。本案不涉及行政赔偿、补偿等，不适用调解。故D选项说法错误。

96. 考点 行政诉讼的原告资格转移、地域管辖；行政附带民事诉讼

答案 C

解析 A选项：根据《行政诉讼法》第20条的规定，因不动产提起的行政诉讼，由不动产所在地人民法院管辖。根据《行诉解释》第9条的规定，《行政诉讼法》第20条规定的“因不动产提起的行政诉讼”是指因行政行为导致不动产物权变动而提起的诉讼。不动产已登记的，以不动产登记簿记载的所在地为不动产所在地；不动产未登记的，以不动产实际所在地为不动产所在地。本案是涉及不动产物权变动的行政诉讼案件，由于区政府已向龚某颁发国有土地使用证，因此属于不动产已登记的情形，应当由房屋及土地登记簿记载的所在地法院管辖，而不是由房屋及土地实际所在地法院管辖。故A选项说法错误。

B选项：根据《行诉解释》第137条的规定，公民、法人或者其他组织请求一并审理《行政诉讼法》第61条规定的相关民事争议，应当在第一审开庭审理前提出；有正当理由的，也可以在法庭调查中提出。因此，张某请求法院一并解决所涉房屋及土地争议的，应当在第一审开庭审理前提出；有正当理由的，也可以在法庭调查中提出，并非只能在第一审开庭审理前提出。故B选项说法错误。

C选项：根据《行诉解释》第140条第1款的规定，人民法院在行政诉讼中一并审理相关民事争议的，民事争议应当单独立案，由同一审判组织审理。因此，若法院一并审理相关民事争议，民事争议应当单独立案。故C选项说法正确。

D选项：根据《行政诉讼法》第25条第2款的规定，有权提起诉讼的公民死亡，其近亲属可以提起诉讼。因此，若诉讼期间，作为原告的张某死亡，其近亲属是以自己的名义参加诉讼，而非以张某的名义参加诉讼。故D选项说法错误。

97. 考点 行政公益诉讼

答案 ABC

解析 A选项：根据《行政诉讼法》第25条第4款的规定，人民检察院在履行职责中发现生态环境和资源保护、食品药品安全、国有财产保护、国有土地使用权出让等领域负有监督管理职责的行政机关违法行使职权或者不作为，致使国家利益或者社会公共利益受到侵害的，应当向行政机关提出检察建议，督促其依法履行职责。行政机关不依法履行职责的，人民检察院依法向人民法院提起诉讼。因此，县检察院提起行政公益诉讼前应当向县国土资源局提出检察建议。故A选项说法正确。

B选项：根据《最高人民法院、最高人民检察院关于检察公益诉讼案件适用法律若干问题的解释》（以下简称《检察公益诉讼案件解释》）第21条第2款的规定，行政机关应当在收到检察建议书之日起2个月内依法履行职责，并书面回复人民检察院。出现国家利益或者社会公共利益损害继续扩大等紧急情形的，行政机关应当在15日内书面回复。因此，县国土资源局作为行政机关，应当在收到检察建议书之日起2个月内书面回复县检察院。故B选项说法正确。

C选项：根据《检察公益诉讼案件解释》第8条第1款的规定，人民法院开庭审理人民检察院提起的公益诉讼案件，应当在开庭3日前向人民检察院送达出庭通知书。因此，法院应当在开庭3日前向县检察院送达出庭通知书。故C选项说法正确。

D选项：根据《检察公益诉讼案件解释》第12条的规定，人民检察院提起公益诉讼案件判决、裁定发生法律效力，被告不履行的，人民法院应当移送执行。因此，县国土资源局不履行生效判决的，应当由法院移送执行，而不是由县检察院向法院申请强制执行。故D选项说法错误。

98. 考点 行政公益诉讼的诉前程序、举证责任、管辖、起诉主体

答案 B

解析 本案属于行政公益诉讼案件。

A选项：根据《行政诉讼法》第25条第4款的规定，人民检察院在履行职责中发现生态环境和资源保护领域负有监督管理职责的行政机关不作为，致使社会公共利益受到侵害的，应当向行政机关提出检察建议，督促其依法履行职责。行政机关不依法履行职责的，人民检察院依法向人民法院提起诉讼。可知，人民检察院提起行政公益诉讼前必须履行此诉前程序。因此，市水利局的督促属于行政机关内部监督，不能代替行政公益诉讼的诉前程序，区检察院在提起诉讼前应当先督促区水利局履行职责。故A选项说法错误。

B选项：根据《检察公益诉讼案件解释》第22条第2项的规定，人民检察院提起行政公益诉讼应当提交被告违法行使职权或者不作为，致使国家利益或者社会公共利益受到侵害的证明材料。因此，区检察院应当向法院提交区水利局行为致使公共利益受到侵害的证明材料。故B选项说法正确。

C选项：根据《检察公益诉讼案件解释》第5条第2款的规定，基层人民检察院提起

的第一审行政公益诉讼案件，由被诉行政机关所在地基层人民法院管辖。因此，区检察院提起行政公益诉讼，应当由区水利局所在地的基层法院管辖，而非中级法院。故C选项说法错误。

D选项：根据《行政诉讼法》第25条第4款的规定，行政公益诉讼的起诉主体只能是人民检察院，社会公益组织无权直接提起行政公益诉讼。故D选项说法错误。注意：符合规定的社会公益组织可以提起民事公益诉讼。

99. 考点 行政诉讼的举证责任

答案 ACD

解析 A选项：根据《行诉证据规定》第4条第1款的规定，公民、法人或者其他组织向人民法院起诉时，应当提供其符合起诉条件的相应的证据材料。根据《行诉解释》第54条第1款第3项的规定，原告提起诉讼时应当提交其与被诉行政行为具有利害关系的材料。本案中，刘某的父亲和嫂子作为原告，应当提供其符合起诉条件的证据材料，即应当提供证据证明房屋为二人共建或二人与拆除行为有利害关系，以证明其具有原告资格。故A选项说法正确。

B选项：根据《行诉证据规定》第4条第3款的规定，被告认为原告起诉超过法定期限的，由被告承担举证责任。本案中，市城管执法局认为刘某的父亲和嫂子起诉超过法定期限的，由市城管执法局承担举证责任，刘某的父亲和嫂子无需证明其起诉符合法定期限。故B选项说法错误。

C选项：根据《行政诉讼法》第34条第1款的规定，被告对作出的行政行为负有举证责任，应当提供作出该行政行为的证据和所依据的规范性文件。本案中，市城管执法局应当对拆除房屋行为的合法性承担举证责任。市城管执法局有拆除房屋的决定权和强制执行的权力是拆除房屋行为合法的必要条件，其应当提供相应证据和依据加以证明。故C选项说法正确。

D选项：根据《行政诉讼法》第34条第2款的规定，被告不提供证据，视为没有相应证据。本案中，若市城管执法局不提供相应证据，视为拆除行为没有相应证据，推定拆除行为违法。故D选项说法正确。

100. 考点 依申请公开政府信息；行政诉讼的举证责任

答案 ABCD

解析 A选项：根据《政府信息公开条例》第36条的规定，对政府信息公开申请，行政机关根据下列情况分别作出答复：……⑤所申请公开信息不属于本行政机关负责公开的，告知申请人并说明理由；能够确定负责公开该政府信息的行政机关的，告知申请人该行政机关的名称、联系方式。……本案中，许某申请公开的政府信息不属于区政府负责公开的，且区政府能够确定市规划局是该信息的公开机关，因此，区政府应当告知许某市规划局的联系方式。故A选项说法正确。

B选项：根据《行政诉讼法》第49条的规定，提起诉讼应当符合下列条件：①原告是符合本法第25条规定的公民、法人或者其他组织；……根据《行诉证据规定》第4条第1款的规定，公民、法人或者其他组织向人民法院起诉时，应当提供其符合起诉条件的相应的证据材料。因此，许某起诉时应当提供其具有原告资格的证据材料。故B选项说法正确。

C选项：根据《行政诉讼法》第34条第1款的规定，被告对作出的行政行为负有举证责任，应当提供作出该行政行为的证据和所依据的规范性文件。因此，作为被告的区政府应当提供《政府信息公开告知书》合法的证据。故C选项说法正确。

D选项：根据《行诉证据规定》第4条第3款的规定，被告认为原告起诉超过法定期限的，由被告承担举证责任。因此，区政府认为许某起诉超过法定期限的，由区政府承担举证责任。故D选项说法正确。

101. 考点 行政诉讼被告举证限制、证据效力

答案 AB

解析 A选项：根据《行政诉讼法》第35条的规定，在诉讼过程中，被告及其诉讼代理人不得自行向原告、第三人和证人收集证据。因此，被告区文化广播影视局在诉讼过程中不得自行收集证据。故A选项说法正确。

B选项：根据《行政诉讼法》第36条第2款的规定，原告或者第三人提出了其在行政处理程序中没有提出的理由或者证据的，经人民法院准许，被告可以补充证据。本案中，原告雾城影院提出的其代为录制该工厂文娱晚会视频资料的证据是在被告区文化广播影视局的处理程序中没有提出的证据，经人民法院准许，被告区文化广播影视局可以补充相应的证据。故B选项说法正确。

C选项：根据《行政诉讼法》第40条的规定，人民法院有权向有关行政机关以及其他组织、公民调取证据。但是，不得为证明行政行为的合法性调取被告作出行政行为时未收集的证据。因此，法院不得调取证明被告区文化广播影视局作出的行政行为合法的证据。故C选项说法错误。

D选项：根据《行诉证据规定》第60条第3项的规定，原告或者第三人在诉讼程序中提供的、被告在行政程序中未作为具体行政行为依据的证据，不能作为认定被诉具体行政行为合法的依据。因此，原告雾城影院在诉讼中提出的证据没有在行政程序中作为被告区文化广播影视局行政行为的依据的，不能作为认定被告区文化广播影视局行政行为合法的依据。故D选项说法错误。

102. 考点 行政诉讼第三人、举证责任和被告缺席；行政附带民事诉讼

答案 AD

解析 A选项：根据《行政诉讼法》第29条第1款的规定，公民、法人或者其他组织同被诉行政行为有利害关系但没有提起诉讼，或者同案件处理结果有利害关系的，可以作为第三人申请参加诉讼，或者由人民法院通知参加诉讼。本案中，王某之弟同被诉决定有利害关系但没有提起诉讼，因此可以作为本案第三人参加诉讼。故A选项说法正确。

B选项：根据《行政诉讼法》第61条第1款的规定，在涉及行政许可、登记、征收、征用和行政机关对民事争议所作的裁决的行政诉讼中，当事人申请一并解决相关民事争议的，人民法院可以一并审理。由此可知，只有在涉及行政许可、登记、征收、征用和行政裁决的行政诉讼中，当事人才可以申请一并解决相关民事争议。本案是涉及行政协议废止的行政诉讼，王某之弟不能要求法院一并解决房屋产权归属争议。故B选项说法错误。

C选项：根据《行政诉讼法》第34条第2款的规定，被告不提供或者无正当理由逾期提供证据，视为没有相应证据。但是，被诉行政行为涉及第三人合法权益，第三人提供证据的除外。本案中，虽然作为被告的区政府未提供证据，但作为第三人的王某之弟向法院提供了证据，因此不能视为没有相应证据。故C选项说法错误。

D选项：根据《行政诉讼法》第66条第2款的规定，人民法院对被告经传票传唤无正当理由拒不到庭，或者未经法庭许可中途退庭的，可以将被告拒不到庭或者中途退庭的情况予以公告，并可以向监察机关或者被告的上一级行政机关提出依法给予其主要负责人或者直接责任人员处分的司法建议。本案中，作为被告的区政府未出庭，法院可以将区政府未出庭的情况予以公告。故D选项说法正确。

103. 考点 行政诉讼证据要求、证据效力

答案 BC

解析 A选项：根据《行诉证据规定》第15条的规定，根据《行政诉讼法》第31条第1款第7项（现为第33条第1款第8项）的规定，被告向人民法院提供的现场笔录，应当载明时间、地点和事件等内容，并由执法人员和当事人签名。当事人拒绝签名或者不能签名的，应当注明原因。有其他人在现场的，可由其他人签名。法律、法规和规章对现场笔录的制作形式另有规定的，从其规定。因此，被告提供的现场笔录无当事人签名的，并非不具有证据效力。故A选项说法错误。

B选项：根据《行诉解释》第41条第1项的规定，原告或者第三人对现场笔录的合法性或者真实性有异议，要求相关行政执法人员出庭说明的，人民法院可以准许。因此，原告对该现场笔录的真实性有异议的，可以要求被告相关行政执法人员出庭说明。故B选项说法正确。

C选项：根据《行诉证据规定》第13条第4项的规定，当事人向人民法院提供证人证言的，应当附有居民身份证复印件等证明证人身份的文件。因此，原告朋友提供的

书面证人证言应附有证明其证人身份的文件。故C选项说法正确。

D选项：根据《行诉证据规定》第63条的规定，证明同一事实的数个证据，其证明效力一般可以按照下列情形分别认定：……②鉴定结论、现场笔录、勘验笔录、档案材料以及经过公证或者登记的书证优于其他书证、视听资料和证人证言；……因此，现场笔录的证据效力优于原告朋友的证人证言，法院可以据此认定原告闯红灯。故D选项说法错误。

104. 考点 行政诉讼的审理对象

答案 CD

解析 A、B、C、D选项：根据《行诉解释》第135条第1款的规定，复议机关决定维持原行政行为的，人民法院应当在审查原行政行为合法性的同时，一并审查复议决定的合法性。本案是复议机关决定维持原行政行为的案件，法院既要审查原行政行为的合法性，又要审查复议决定的合法性。原行政行为是乙县市场监督管理局没收汽车的行为，复议决定是乙县政府维持乙县市场监督管理局没收汽车的行为。因此，法院的审理对象是乙县市场监督管理局没收汽车的行为和乙县政府维持没收汽车的行为。故C、D选项当选，A、B选项不当选。

105. 考点 行政诉讼的判决

答案 BC

解析 根据《行诉解释》第81条第2、3款的规定，原告或者第三人对改变后的行政行为不服提起诉讼的，人民法院应当就改变后的行政行为进行审理。被告改变原违法行政行为，原告仍要求确认原行政行为违法的，人民法院应当依法作出确认判决。本案属于行政诉讼中被告改变被诉行政行为的案件，王某未撤诉，同时又起诉了县公安局改变后的行政行为，法院既要对原行政行为——警告决定作出判决，又要对改变后的行政行为——罚款决定作出判决。

A、B选项：根据《行政诉讼法》第69条的规定，行政行为证据确凿，适用法律、法规正确，符合法定程序的，或者原告申请被告履行法定职责或者给付义务理由不成立的，人民法院判决驳回原告的诉讼请求。本案中，法院经审理认为，王某确有斗殴行为，县公安局给予王某警告是正确的，即警告决定合法，法院应判决驳回王某关于撤销警告的诉讼请求。故A选项不当选，B选项当选。

C、D选项：根据《行政诉讼法》第70条的规定，行政行为有下列情形之一的，人民法院判决撤销或者部分撤销，并可以判决被告重新作出行政行为：①主要证据不足的；……本案中，县公安局对王某处以罚款的事实依据是李某的轻微伤系王某殴打所致，但法院经审理认为，李某的轻微伤不是王某造成的，即县公安局作出罚款决定的主要证据不足，法院应判决撤销罚款决定。故C选项当选，D选项不当选。

106. [考点] 行政诉讼的起诉期限、举证责任、判决

[答案] ABC

[解析] A选项：根据《行政诉讼法》第45条的规定，公民、法人或者其他组织不服复议决定的，可以在收到复议决定书之日起15日内向人民法院提起诉讼。复议机关逾期不作决定的，申请人可以在复议期满之日起15日内向人民法院提起诉讼。法律另有规定的除外。本案是张某申请行政复议未果后提起行政诉讼，张某的起诉期限为15日。故A选项说法正确。

B选项：根据《行政诉讼法》第38条第1款的规定，在起诉被告不履行法定职责的案件中，原告应当提供其向被告提出申请的证据。但有下列情形之一的除外：①被告应当依职权主动履行法定职责的；②原告因正当理由不能提供证据的。因此，张某起诉县公安局不履行法定职责的，应当提供其向县公安局报警的证据。故B选项说法正确。

C选项：根据《行政诉讼法》第34条第1款的规定，被告对作出的行政行为负有举证责任，应当提供作出该行政行为的证据和所依据的规范性文件。因此，县公安局作为被告，应当对其行为的合法性负举证责任。故C选项说法正确。

D选项：根据《行政诉讼法》第72条的规定，人民法院经过审理，查明被告不履行法定职责的，判决被告在一定期限内履行。题目中没有明确法院经过审理，查明县公安局不履行法定职责，所以法院判决县公安局履行职责的条件不充足。故D选项说法错误。

107. [考点] 行政诉讼中规范性文件附带审查

[答案] BC

[解析] A选项：根据《行诉解释》第146条的规定，公民、法人或者其他组织请求人民法院一并审查《行政诉讼法》第53条规定的规范性文件，应当在第一审开庭审理前提出；有正当理由的，也可以在法庭调查中提出。因此，该公司请求审查《意见》的合法性，应当在第一审开庭审理前提出；有正当理由的，也可以在法庭调查中提出。故A选项说法错误。

B选项：根据《行诉解释》第147条第1款的规定，人民法院在对规范性文件审查过程中，发现规范性文件可能不合法的，应当听取规范性文件制定机关的意见。因此，法院应当听取《意见》制定机关——县政府的意见。故B选项说法正确。

C选项：根据《行政许可法》第2条的规定，本法所称行政许可，是指行政机关根据公民、法人或者其他组织的申请，经依法审查，准予其从事特定活动的行为。本案中，网吧登记属于行政许可，《意见》明确规定，不予放开网吧登记的原因是县城范围内网吧过多，属于增设开设网吧的行政许可的具体条件。故C选项说法正确。

D选项：根据《行诉解释》第149条第2款的规定，规范性文件不合法的，人民法院可以在裁判生效之日起3个月内，向规范性文件制定机关提出修改或者废止该规范性

文件的司法建议。因此，若《意见》违法，法院可以向制定机关提出修改或者废止《意见》的司法建议，但无权撤销《意见》。故D选项说法错误。

108. 考点 行政诉讼的执行

答案 B

解析 某律师向区司法局申请公开全区律师注册费收支信息被拒后，法院判决区司法局向该律师公开全区律师注册费收支信息，但区司法局逾期拒不履行法院判决，这属于行政机关拒绝履行生效裁判的情况。根据《行政诉讼法》第96条的规定，行政机关拒绝履行判决、裁定、调解书的，第一审人民法院可以采取下列措施：……②在规定期限内不履行的，从期满之日起，对该行政机关负责人按日处50~100元的罚款。……④向监察机关或者该行政机关的上一级行政机关提出司法建议。接受司法建议的机关，根据有关规定进行处理，并将处理情况告知人民法院。⑤拒不履行判决、裁定、调解书，社会影响恶劣的，可以对该行政机关直接负责的主管人员和其他直接责任人员予以拘留；情节严重，构成犯罪的，依法追究刑事责任。

A、B选项：区司法局在规定期限内不履行的，从期满之日起，法院可以对区司法局负责人按日处50~100元的罚款。故B选项“对区司法局主要负责人处以罚款”的说法正确。2014年修正后的《行政诉讼法》取消了对行政机关的罚款。故A选项“对区司法局按日处100元的罚款”的说法错误。

C选项：区司法局拒不履行判决，题干没有明确“社会影响恶劣”，法院不能对区司法局直接负责人予以拘留。故C选项“经法院院长批准，对区司法局直接责任人予以司法拘留”的说法错误。

D选项：区司法局拒不履行判决，法院可以向市司法局提出司法建议，市司法局根据有关规定进行处理，并将处理情况告知法院。故D选项“责令由市司法局对该律师的申请予以处理”的说法错误，法院可以向市司法局提出司法建议，但无权“责令”市司法局进行处理。

109. 考点 行政协议诉讼

答案 BCD

解析 A选项：根据《行政协议案件规定》第25条的规定，公民、法人或者其他组织对行政机关不依法履行、未按照约定履行行政协议提起诉讼的，诉讼时效参照民事法律规范确定；对行政机关变更、解除行政协议等行政行为提起诉讼的，起诉期限依照《行政诉讼法》及其司法解释确定。本案中，区市政市容委向该停车公司发出《通知》，表示《委托管理协议》已经无法继续实际履行，因此解除《委托管理协议》。该停车公司诉至法院，属于对行政机关解除行政协议的行为提起诉讼，因此应当依照《行政诉讼法》及其司法解释确定起诉期限。故A选项说法错误。

B选项：根据《行政协议案件规定》第10条第1款的规定，被告对于自己具有法定职权、履行法定程序、履行相应法定职责以及订立、履行、变更、解除行政协议等行为的合法性承担举证责任。本案中，区市政市容委发出《通知》解除《委托管理协议》，其应当对《通知》的合法性进行举证。故B选项说法正确。

C选项：根据《行政协议案件规定》第16条第1款的规定，在履行行政协议过程中，可能出现严重损害国家利益、社会公共利益的情形，被告作出变更、解除协议的行政行为后，原告请求撤销该行为，人民法院经审理认为该行为合法的，判决驳回原告诉讼请求；给原告造成损失的，判决被告予以补偿。本案中，为了有效改善出行环境，尤其是最大限度满足群众对停车位的需求，区市政市容委发出《通知》解除《委托管理协议》。区市政市容委解除《委托管理协议》的行为合法，给该停车公司造成损失的，该停车公司可以要求区市政市容委予以补偿。故C选项说法正确。

D选项：根据《行政协议案件规定》第23条第1款的规定，人民法院审理行政协议案件，可以依法进行调解。本案是区市政市容委与该停车公司之间解除行政协议纠纷案件，法院可以进行调解。故D选项说法正确。

110. [考点] 行政协议诉讼

[答案] AD

[解析] A选项：根据《行政诉讼法》第26条第5款的规定，行政机关委托的组织所作的行政行为，委托的行政机关是被告。根据《行政协议案件规定》第4条第2款的规定，因行政机关委托的组织订立的行政协议发生纠纷的，委托的行政机关是被告。本案中，雪山片区指挥部是该区政府设立的临时机构，不具备独立的行政主体资格。雪山片区指挥部与赵某订立拆迁安置补偿协议应当视为雪山片区指挥部受该区政府委托与赵某订立协议，赵某对雪山片区指挥部不履行拆迁安置补偿协议不服，提起行政诉讼的，应当以该区政府为被告。故A选项说法正确。

B选项：本案属于行政机关不履行行政协议的诉讼案件。根据《行政协议案件规定》第25条的规定，公民、法人或者其他组织对行政机关不依法履行、未按照约定履行行政协议提起诉讼的，诉讼时效参照民事法律规范确定；对行政机关变更、解除行政协议等行政行为提起诉讼的，起诉期限依照《行政诉讼法》及其司法解释确定。根据《民法典》第188条的规定，权利人自知道或者应当知道权利受到损害以及义务人之日起3年内可以向人民法院起诉。因此，本案中，赵某起诉该区政府不履行拆迁安置补偿协议的，应当适用民事法律规范的3年诉讼时效，而非适用行政诉讼法律规范的6个月起诉期限。故B选项说法错误。

C选项：根据《行政协议案件规定》第10条第3款的规定，对行政协议是否履行发生争议的，由负有履行义务的当事人承担举证责任。本案中，雪山片区指挥部决定不再对赵某进行房屋安置，主张本次安置属于重复安置，这属于被告主张已履行拆迁安置补偿协议，应当由被告对重复安置承担举证责任，而非由赵某承担举证责任。故C选项说法错误。

D选项：法院认为重复安置的理由不能成立，属于被告未按照约定履行行政协议的情形。根据《行政诉讼法》第78条第1款的规定，被告不依法履行、未按照约定履行或者违法变更、解除本法第12条第1款第11项规定的协议的，人民法院判决被告承担继续履行、采取补救措施或者赔偿损失等责任。本案中，法院判决被告继续履行拆迁安置补偿协议。故D选项说法正确。

111. 考点 国家赔偿范围

答案 CD

解析 A选项：根据《国家赔偿法》第5条第1项的规定，行政机关工作人员与行使职权无关的个人行为，国家不承担赔偿责任。警察王某玩弄其手枪的行为属于与行使职权无关的个人行为，因此，手枪走火致人伤残的，不属于国家赔偿范围。故A选项不当选。

B选项：根据《国家赔偿法》第19条第5项的规定，因公民自伤、自残等故意行为致使损害发生的，国家不承担赔偿责任。服刑人员章某为达到保外就医目的而自伤的，属于因公民自伤等故意行为致使损害发生，不属于国家赔偿范围。故B选项不当选。

C选项：根据《国家赔偿法》第38条的规定，人民法院在民事诉讼、行政诉讼过程中，违法采取对妨害诉讼的强制措施、保全措施或者对判决、裁定及其他生效法律文书执行错误，造成损害的，赔偿请求人要求赔偿的程序，适用本法刑事赔偿程序的规定。民事诉讼中法院违法对律师赵某采取司法拘留的，属于违法采取对妨害诉讼的强制措施，属于国家赔偿范围。故C选项当选。

D选项：根据《国家赔偿法》第4条第4项的规定，行政机关及其工作人员在行使行政职权时有造成财产损害的其他违法行为的，受害人有取得赔偿的权利。公安派出所接到报警后拒不出警属于违法行使行政职权中的行政不作为，造成肖某超市财物被抢劫的损失属于国家赔偿范围。故D选项当选。

112. 考点 行政赔偿诉讼

答案 ABCD

解析 A选项：根据《最高人民法院关于审理行政赔偿案件若干问题的规定》（以下简称《行政赔偿案件规定》）第14条第1款的规定，原告提起行政诉讼时未一并提起行政赔偿诉讼，人民法院审查认为可能存在行政赔偿的，应当告知原告可以一并提起行政赔偿诉讼。因此，法院审查杨某的起诉时，认为可能存在行政赔偿的，应当告知杨某可以一并提起行政赔偿诉讼。故A选项说法正确。

B选项：根据《行政赔偿案件规定》第11条第1款的规定，行政赔偿诉讼中，原告应当对行政行为造成的损害提供证据；因被告的原因导致原告无法举证的，由被告承担举证责任。因此，由于区政府的违法强拆行为，导致杨某无法对屋内财产损失举证的，应当由区政府就该损害情况承担举证责任。故B选项说法正确。

C选项：根据《行政赔偿案件规定》第11条第2款的规定，人民法院对于原告主张的生产和生活所必需物品的合理损失，应当予以支持；对于原告提出的超出生产和生活所必需的其他贵重物品、现金损失，可以结合案件相关证据予以认定。因此，杨某提出赔偿请求的，对其主张的生产和生活所必需物品的合理损失，法院应当予以支持。故C选项说法正确。

D选项：根据《行政赔偿案件规定》第13条第1款的规定，行政行为未被确认为违法，公民、法人或者其他组织提起行政赔偿诉讼的，人民法院应当视为提起行政诉讼时一并提起行政赔偿诉讼。因此，区政府对杨某房屋的强拆行为未被确认为违法，杨某只提起行政赔偿诉讼的，法院应当视为提起行政诉讼时一并提起行政赔偿诉讼。故D选项说法正确。

113. [考点] 国家赔偿范围、举证责任、赔偿项目

[答案] BC

[解析] A、C选项：根据《行诉解释》第97条的规定，原告或者第三人的损失系由其自身过错和行政机关的违法行政行为共同造成的，人民法院应当依据各方行为与损害结果之间有无因果关系以及在损害发生和结果中作用力的大小，确定行政机关相应的赔偿责任。本案中，郜某用头撞击地面之后平躺到地板上，民警未当即检查郜某头磕地后的伤情，而是继续询问，未尽到对郜某的人身安全保障义务，存在主观过错。因此，虽然郜某是由于自己的行为致使损害发生，但公安局未尽到对其人身安全保障义务，应当承担相应的赔偿责任。确定赔偿数额时应当考虑公安局的行为在损害发生过程和结果中所起的作用等因素。故A选项说法错误，C选项说法正确。

B选项：根据《国家赔偿法》第15条第2款的规定，赔偿义务机关采取行政拘留或者限制人身自由的强制措施期间，被限制人身自由的人死亡或者丧失行为能力的，赔偿义务机关的行为与被限制人身自由的人的死亡或者丧失行为能力是否存在因果关系，赔偿义务机关应当提供证据。本案中，公安局将郜某传唤至公安局进行调查、询问，郜某是在被公安局限制人身自由期间丧失行为能力的，公安局的行为与郜某的损害之间是否存在因果关系，应当由公安局提供证据。故B选项说法正确。

D选项：根据《国家赔偿法》第34条第1款的规定，侵犯公民生命健康权的，赔偿金按照下列规定计算：……②造成部分或者全部丧失劳动能力的，应当支付医疗费、护理费、残疾生活辅助具费、康复费等因残疾而增加的必要支出和继续治疗所必需的费用，以及残疾赔偿金。残疾赔偿金根据丧失劳动能力的程度，按照国家规定的伤残等级确定，最高不超过国家上年度职工年平均工资的20倍。造成全部丧失劳动能力的，对其扶养的无劳动能力的人，还应当支付生活费。……本案中，郜某全部丧失行为能力，

其扶养的无劳动能力的人的生活费属于国家赔偿项目。故D选项说法错误。

114. 考点 行政赔偿程序

答案 BD

解析 A选项：根据《国家赔偿法》第12条第4款的规定，赔偿请求人当面递交申请书的，赔偿义务机关应当当场出具加盖本行政机关专用印章并注明收讫日期的书面凭证。申请材料不齐全的，赔偿义务机关应当当场或者在5日内一次性告知赔偿请求人需要补正的全部内容。因此，郜某的家属提交的赔偿申请材料不齐全的，公安局应当一次性告知郜某的家属需要补正的全部内容。故A选项说法正确，不当选。

B选项：根据《行政复议法》第11条的规定，有下列情形之一的，公民、法人或者其他组织可以依照本法申请行政复议：……⑥对行政机关作出的赔偿决定或者不予赔偿决定不服；……可知，若郜某的家属对公安局作出的赔偿决定不服，可以申请行政复议。根据《行政复议法》第24条第1款的规定，县级以上地方各级人民政府管辖下列行政复议案件：①对本级人民政府工作部门作出的行政行为不服的；……因此，郜某的家属应向公安局的本级政府申请行政复议，而不是向上一级公安机关申请行政复议。故B选项说法不正确，当选。

C选项：根据《国家赔偿法》第14条第2款的规定，赔偿请求人对赔偿的方式、项目、数额有异议的，或者赔偿义务机关作出不予赔偿决定的，赔偿请求人可以自赔偿义务机关作出赔偿或者不予赔偿决定之日起3个月内，向人民法院提起诉讼。因此，若郜某的家属对公安局作出的赔偿决定不服，可以在3个月内向法院提起行政赔偿诉讼。故C选项说法正确，不当选。

D选项：根据《国家赔偿法》第9条第2款和第14条的规定，赔偿请求人要求赔偿，应当先向赔偿义务机关提出；对赔偿义务机关的处理或者不处理不服的，可以提起行政赔偿诉讼。因此，未经公安局先行处理，郜某的家属不能直接向法院提起行政赔偿诉讼。故D选项说法不正确，当选。

115. 考点 国家赔偿的时效；司法赔偿的范围和程序

答案 ABD

解析 A选项：根据《国家赔偿法》第39条第1款的规定，赔偿请求人请求国家赔偿的时效为2年，自其知道或者应当知道国家机关及其工作人员行使职权时的行为侵犯其人身权、财产权之日起计算，但被羁押等限制人身自由期间不计算在内。故A选项说法正确。

B选项：根据《国家赔偿法》第38条的规定，人民法院在民事诉讼、行政诉讼过程中，违法采取对妨害诉讼的强制措施、保全措施或者对判决、裁定及其他生效法律文书执行错误，造成损害的，赔偿请求人要求赔偿的程序，适用本法刑事赔偿程序的规定。根据《最高人民法院关于审理民事、行政诉讼中司法赔偿案件适用法律若干问题的解释》第3条的规定，违法采取保全措施，包括以下情形：……②依法不应当解除保全措施而解除，或者依法应当解除保全措施而不解除的；……因此，该区法院在乙公司没有提供担保的情况下解除对其的保全措施而造成的甲公司的财产损害，属于国家赔偿范围。故B选项说法正确。

C选项：《国家赔偿法》在2010年修正时已废止了申请国家赔偿前先申请确认侵权行为违法的程序规定。因此，甲公司可以直接申请国家赔偿，无须先申请确认该区法院解除保全措施的行为违法。故C选项说法错误。

D选项：根据《国家赔偿法》第13条第1款的规定，赔偿义务机关应当自收到申请之日起2个月内，作出是否赔偿的决定。赔偿义务机关作出赔偿决定，应当充分听取赔偿请求人的意见，并可以与赔偿请求人就赔偿方式、赔偿项目和赔偿数额依照本法第四章（**赔偿方式和计算标准**）的规定进行协商。因此，赔偿义务机关作出赔偿决定前，可以与甲公司就赔偿方式、赔偿项目和赔偿数额进行协商。故D选项说法正确。

116. 考点 国家赔偿方式与费用

答案 BC

解析 A选项：根据《国家赔偿法》第35条的规定，有本法第3条或者第17条规定情形之一，致人精神损害的，应当在侵权行为影响的范围内，为受害人消除影响，恢复名誉，赔礼道歉；造成严重后果的，应当支付相应的精神损害抚慰金。由此可知，名誉损失是对人身权损害的赔偿范围。查封行为属于侵犯财产权的行为，不属于侵犯人身权的行为，所以，张某美容店被查封的名誉损失不属于国家赔偿范围。故A选项不当选。

B选项：根据《国家赔偿法》第36条第2项的规定，查封、扣押、冻结财产的，解除对财产的查封、扣押、冻结，造成财产损坏或者灭失的，依照本条第3、4项的规定赔偿。因此，税务部门扣押美容仪器设备的行为违法的，解除查封和扣押措施属于国家赔偿范围。故B选项当选。

C选项：根据《国家赔偿法》第36条第6项的规定，吊销许可证和执照、责令停产停业的，赔偿停产停业期间必要的经常性费用开支。根据《最高人民法院关于审理民事、行政诉讼中司法赔偿案件适用法律若干问题的解释》第14条的规定，《国家赔偿法》第36条第6项规定的停产停业期间必要的经常性费用开支，是指法人、其他组织和个体工商户为维系停产停业期间运营所需的基本开支，包括留守职工工资、必须缴纳的税费、水电费、房屋场地租金、设备租金、设备折旧费等必要的经常性费用。因此，美容店停业期间产生的门面租赁费属于国家赔偿范围。故C选项当选。

D选项：根据《国家赔偿法》第36条第5项的规定，财产已经拍卖或者变卖的，给付拍卖或者变卖所得的价款；变卖的价款明显低于财产价值的，应当支付相应的赔偿金。由此可知，财产已经拍卖的，需要给付拍卖所得的价款，不需要支付相应的赔偿金。

因此，扣押的美容仪器设备已被拍卖的，给付拍卖所得的价款，没有相应的赔偿金支付。故D选项不当选。

117. 考点 行政赔偿诉讼起诉期限；国家赔偿方式

答案 BCD

解析 A选项：根据《国家赔偿法》第14条的规定，赔偿义务机关在规定期限内未作出是否赔偿的决定，赔偿请求人可以自期限届满之日起3个月内，向人民法院提起诉讼。赔偿请求人对赔偿的方式、项目、数额有异议的，或者赔偿义务机关作出不予赔偿决定的，赔偿请求人可以自赔偿义务机关作出赔偿或者不予赔偿决定之日起3个月内，向人民法院提起诉讼。因此，周某与拆迁办协商赔偿无果后，其起诉期限为3个月，而非6个月。故A选项说法错误。

B选项：根据《行政赔偿案件规定》第27条第1款的规定，违法行政行为造成公民、法人或者其他组织财产损害，不能返还财产或者恢复原状的，按照损害发生时该财产的市场价格计算损失。市场价格无法确定，或者该价格不足以弥补公民、法人或者其他组织损失的，可以采用其他合理方式计算。因此，对周某房屋的赔偿应按照拆除房屋时的市场价格计算；该价格不足以弥补周某损失的，可以采用其他合理方式计算。故B选项说法正确。

C选项：根据《国家赔偿法》第36条的规定，侵犯公民、法人和其他组织的财产权造成损害的，按照下列规定处理：……⑧对财产权造成其他损害的，按照直接损失给予赔偿。根据《行政赔偿案件规定》第29条的规定，下列损失属于《国家赔偿法》第36条第8项规定的“直接损失”：……③通过行政补偿程序依法应当获得的奖励、补贴等；……因此，通过行政补偿程序依法应当获得的奖励、补贴属于赔偿范围。故C选项说法正确。

D选项：根据《行政赔偿案件规定》第27条第2款的规定，违法征收征用土地、房屋，人民法院判决给予被征收人的行政赔偿，不得少于被征收人依法应当获得的安置补偿权益。因此，周某获得的行政赔偿不得少于其依法应当获得的安置补偿权益。故D选项说法正确。

118. 考点 刑事赔偿义务机关；国家赔偿方式与项目

答案 AC

解析 A选项：根据《国家赔偿法》第21条第4款的规定，再审改判无罪的，作出原生效判决的人民法院为赔偿义务机关。本案中，原生效判决系市中级法院的二审维持判决，故市中级法院是赔偿义务机关。根据《国家赔偿法》第22条第2款的规定，赔偿请求人要求赔偿，应当先向赔偿义务机关提出。因此，王某应当向市中级法院申请赔偿。故A选项说法正确。

B选项：根据《国家赔偿法》第33条的规定，侵犯公民人身自由的，每日赔偿金按照国家上年度职工日平均工资计算。根据《最高人民法院、最高人民检察院关于办理刑事赔偿案件适用法律若干问题的解释》第21条第1款的规定，《国家赔偿法》第33、34条规定的上年度，是指赔偿义务机关作出赔偿决定时的上一年度；复议机关或者人民法院赔偿委员会改变原赔偿决定，按照新作出决定时的上一年度国家职工平均工资标准计算人身自由赔偿金。本案中没有说明赔偿义务机关作出赔偿决定的年度，则不能确定对王某限制人身自由的每日赔偿金具体按哪一年度的国家职工日平均工资标准计算。故B选项说法错误。

C选项：根据《国家赔偿法》第32条第2款的规定，能够返还财产的，予以返还财产。根据《国家赔偿法》第36条第7项的规定，返还执行的罚金的，应当支付银行同期存款利息。因此，本案中，应当返还王某35万元罚金，并支付银行同期存款利息。故C选项说法正确。

D选项：国家赔偿范围限于直接损失，不包括间接损失。本案中，王某申请国家赔偿所产生的误工费、律师咨询费不属于侵权行为造成的直接损失，因此不属于国家赔偿范围。故D选项说法错误。

答案速查表

题号	答案	题号	答案	题号	答案
1	B	27	ABCD	53	ABD
2	ABD	28	CD	54	BD
3	C	29	BD	55	AD
4	AD	30	AC	56	CD
5	BC	31	ABCD	57	C
6	ABCD	32	ABC	58	ABCD
7	AB	33	ABC	59	AC
8	ABCD	34	BC	60	ABD
9	AC	35	BC	61	AC
10	BCD	36	BD	62	A
11	ABC	37	BD	63	ABCD
12	ABCD	38	CD	64	ABC
13	ABC	39	ABCD	65	AD
14	AB	40	AC	66	ACD
15	BD	41	C	67	CD
16	AC	42	ACD	68	ABCD
17	AB	43	AC	69	C
18	A	44	CD	70	ABCD
19	ABC	45	ACD	71	B
20	ABCD	46	ABCD	72	B
21	ABC	47	ABC	73	ABD
22	C	48	BC	74	ABCD
23	BD	49	A	75	AD
24	C	50	BC	76	BC
25	B	51	ABC	77	ACD
26	CD	52	D	78	ACD

题号	答案	题号	答案	题号	答案
79	AC	93	ABD	107	BC
80	C	94	AC	108	B
81	BC	95	AB	109	BCD
82	ABC	96	C	110	AD
83	BD	97	ABC	111	CD
84	ABC	98	B	112	ABCD
85	D	99	ACD	113	BC
86	B	100	ABCD	114	BD
87	D	101	AB	115	ABD
88	ABCD	102	AD	116	BC
89	C	103	BC	117	BCD
90	C	104	CD	118	AC
91	D	105	BC		
92	C	106	ABC		

图书在版编目（CIP）数据

金题卷. 行政法突破 118 题 / 魏建新编著. -- 北京 : 中国政法大学出版社, 2025. 6. -- ISBN 978-7-5764-2116-3

Ⅰ. D920.4

中国国家版本馆 CIP 数据核字第 202565Z5B1 号

出版者　中国政法大学出版社

地　址　北京市海淀区西土城路 25 号

邮寄地址　北京 100088 信箱 8034 分箱　邮编 100088

网　址　http://www.cuplpress.com (网络实名：中国政法大学出版社)

电　话　010-58908285(总编室) 58908433（编辑部） 58908334(邮购部)

承　印　河北翔驰润达印务有限公司

开　本　787mm×1092mm　1/16

印　张　7.5

字　数　160 千字

版　次　2025 年 6 月第 1 版

印　次　2025 年 6 月第 1 次印刷

定　价　45.00 元

厚大法考（郑州）2025年二战主观题教学计划

班次名称		授课时间	标准学费（元）	授课模式	阶段优惠(元)		配套资料
					7.10 前	8.10 前	
大成系列	主观集训 A 班	7.9～10.8	14800	视频+面授	协议班次无优惠。一对一批改服务、班班督学。2025 年主观题考试未通过，退 9000 元。		配备本班次配套图书及随堂内部资料
	主观集训 B 班	7.9～10.8	14800	视频+面授	10300	已开课	
冲刺系列	主观特训班	8.20～10.8	11800	视频+面授	8300	8800	
	主观接力 VIP 班	9.20～10.8	13800	面　授	一对一精批讲解、班班督学、班级群打卡、魔鬼训练。2025 年主观题考试未通过，退 10000 元。		
	主观接力班	9.20～10.8	10800	面　授	7300	7800	

优惠政策：

1. 2人（含）以上团报，每人优惠200元；3人（含）以上团报，每人优惠300元。
2. 厚大老学员在阶段优惠基础上打9折，不再适用团报政策。
3. 协议班次、VIP班次无优惠，不适用以上政策。

【郑州分校地址】河南省郑州市龙湖镇（南大学城）泰山路与107国道交叉口向东50米路南厚大教学
咨询电话：李老师 19939507026

厚大法考（西安）2025年主观题面授教学计划

班次名称		授课时间	标准学费（元）	阶段优惠(元)			图书配备
				6.10 前	7.10 前	8.10 前	
大成系列	主观集训 A 班	7.10～10.8	13800	协议班次无优惠。一对一批改服务、班班督学。2025 年主观题考试未通过，退 9000 元。			配备本班次配套图书及随堂内部资料
	主观集训 B 班	7.10～10.8	13880	9380	9880	已开课	
冲刺系列	主观接力 A 班	9.20～10.8	11800	一对一精批讲解、班班督学、班级群打卡、魔鬼训练。2025 年主观题考试未通过，退 8000 元。			
	主观接力 B 班	9.20～10.8	10800	7380	7880	8380	

其他优惠：

1. 2人（含）以上团报，每人优惠200元；3人（含）以上团报，每人优惠300元。
2. 厚大老学员在阶段优惠基础上打9折，不再适用团报政策。
3. 协议班次、VIP班次无优惠，不适用以上政策。

【西安分校】陕西省西安市雁塔区长安南路449号丽融大厦1802室（西北政法大学北校区对面）
联系方式：18691857706 李老师　18636652560 李老师　13891432202 王老师

厚大法考 APP

厚大法考官微

厚大法考官博

郑州厚大官微

郑州厚大官博

西安厚大法考官微

西安厚大法考官博

厚大法考（南京）2025 年主观题面授教学计划

班次名称		授课时间	标准学费（元）	阶段优惠(元)	
				7.10 前	8.10 前
冲刺系列	主观决胜 VIP 班	9.21～10.8	13800	协议班次无优惠。随报随学,专属辅导、一对一批阅。2025 年主观题考试未通过,退 10000 元。	
	主观决胜班	9.21～10.8	13800	7300	7800
	国庆密训营	9.30～10.8	16800	协议班次无优惠。限额招生,额满为止。2025 年主观题考试未通过,全额退费。	
	主观点睛冲刺班	9.30～10.8	6800	4580	5080

各阶段优惠政策:

1. 多人报名可在优惠价格基础上再享团报优惠（协议班次除外）：3 人（含）以上报名，每人优惠 200 元；5 人（含）以上报名，每人优惠 300 元；8 人（含）以上报名，每人优惠 500 元。
2. 厚大面授老学员报名再享 9 折优惠（协议班次除外）。

PS：课程时间根据 2025 年司法部公布的主观题考试时间相应调整。

【南京分校地址】江苏省南京市江宁区宏运大道 1890 号厚大法考南京教学基地　　咨询热线：025-84721211

厚大法考 APP

厚大法考官博

南京厚大法考官博

厚大法考（杭州）2025 年主观题面授教学计划

班次名称		授课时间	标准学费（元）	阶段优惠(元)		配套资料
				8.10 前	9.10 前	
冲刺系列	主观决胜 VIP 班	9.21～10.8	13800	协议班次无优惠。随报随学,专属辅导、一对一批阅。2025 年主观题考试未通过,退 10000 元。		本班配套图书 + 课堂内部讲义
	主观决胜班	9.21～10.8	13800	7800	8300	
	国庆密训营	9.30～10.8	16800	协议班次无优惠。限额招生,额满为止。2025 年主观题考试未通过,全额退费。		
	主观点睛冲刺班	9.30～10.8	6800	5080	5580	

各阶段优惠政策:

1. 多人报名可在优惠价格基础上再享团报优惠（协议班次除外）：3 人（含）以上报名，每人优惠 200 元；5 人（含）以上报名，每人优惠 300 元；8 人（含）以上报名，每人优惠 500 元。
2. 厚大面授老学员报名再享 9 折优惠（协议班次除外）。

备注：课程时间根据 2025 年司法部公布的主观题考试时间相应调整。

【杭州分校地址】浙江省杭州市钱塘区二号大街 515 号智慧谷一幢 407 室（厚大教育）　　咨询热线：0571-28187005

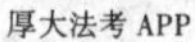
厚大法考 APP

厚大法考官博

杭州厚大法考官博